AF361286

UNA MENTE EN PAZ

CHRISTOPHER O. BLUM
JOSHUA P. HOCHSCHILD

UNA MENTE EN PAZ

Cómo ordenar el alma en la era de la distracción

EDICIONES RIALP
MADRID

Título original: *A Mind at Peace*

© 2017 *by* Sophia Institute Press
© 2023 de la edición traducida por Diego Pereda
  by EDICIONES RIALP, S. A.,
  Manuel Uribe 13-15 - 28033 Madrid
  (www.rialp.com)

Preimpresión: produccioneditorial.com

ISBN (versión impresa): 978-84-321-6396-8
ISBN (versión digital): 978-84-321-6397-5
Depósito legal: M-5503-2023
Impreso en Anzos, S. L., Fuenlabrada (Madrid)

Respira en mí, oh Espíritu Santo,
para que todos mis pensamientos sean santos.
Actúa en mí, oh Espíritu Santo,
para que mi trabajo también pueda ser santo.
Atrae mi corazón, oh Espíritu Santo,
para que solo ame lo que es santo.
Fortaléceme, oh Espíritu Santo,
para que defienda todo lo que es santo.
Guárdame, oh Espíritu Santo,
para que siempre pueda ser santo. Amén.

[Oración de san Agustín]

ÍNDICE

PARTE III
PENSAR BIEN

PRÓLOGO

Señor Jesús, que me conozca a mí y te conozca a ti.

[San Agustín]

Es FAMOSA LA DEFINICIÓN de san Agustín de la paz como «la tranquilidad del orden», e intuimos la verdad de esta afirmación. Sabemos que, si tenemos orden —en las distintas dimensiones de nuestra vida, en la unión de cuerpo y alma, de intelecto, voluntad y pasiones—, entonces alcanzaremos la paz, sin que importen las dificultades que nos rodeen. Por eso mismo también somos conscientes de que, si carecemos de orden interior —si estamos a malas con nosotros mismos—, entonces el exterior, por grande que sea, no nos apaciguará.

Vivimos en una cultura esquizofrénica; igual que ansiamos la paz, deseamos las distracciones mundanas. Nos encantan las bendiciones de la era digital: el *big data*, la conectividad, las emisiones en directo y demás, aunque al mismo tiempo sintamos que nos falta quietud, y busquemos una tregua en la sobrecarga de información y comunicación. Pretendemos disfrutar a la vez de las promesas de la época digital y del hábito de recogernos, o del *minfulness*, según la expresión de moda. Cada vez es más evidente la dificultad para tener ambos, para estar conectados y concentrados.

Las herramientas se interponen en el camino. Ocurre con todas, por descontado: si estamos utilizando un martillo no podemos estrechar una mano. Si cortamos madera, no escribimos una carta. Sin embargo, lo que vivimos ahora es distinto, porque nuestras herramientas, las nuevas tecnologías digitales, son un obstáculo en el trayecto hacia nosotros mismos. La irrupción de lo digital en todas las esferas de la vida nos ha desconectado de esto o de aquello, pero también del *yo* personal. Pensar, razonar, ver y tocar han adquirido un significado nuevo.

En el fondo, parecería que la humanidad hubiese adoptado la forma de la tecnología. Los teléfonos inteligentes fueron diseñados para la mano del hombre, donde encajan por su tamaño, forma y uso, pero ahora somos nosotros los que tratamos de encajar en los dispositivos digitales. Son la medida de todas las cosas, y los llevamos siempre con nosotros, al trabajo, en el coche, en el avión, en el tren… Recurrimos a ellos sin cesar («Hay una aplicación para eso»), hasta el punto de definirnos según sus términos. «Externalizamos» la memoria y «procesamos» en lugar de pensar. La mirada humana, que debería recrearse en la Creación, ya solo mira a través de las pantallas y, para muchas personas, el tacto solo sirve cuando estas son táctiles.

Por otra parte, la salvación tiene la medida del hombre. *Y el Verbo se hizo hombre y habitó entre nosotros* (Juan 1, 14). Dios no nos exige que nos elevemos a su nivel, sino que bajó al nuestro para que las simples criaturas pudiésemos recibir su gracia y verdad. El lenguaje de la salvación es el de los sentidos: ¡Escucha, Israel!... ¡Gustad y ved qué bueno es el Señor!... *Este es el Cordero de Dios... Tomad y comed...* La economía sacramental de la Iglesia depende de los actos más simples: derramar agua, ungir con óleo, comer el pan, beber el vino, pronunciar votos.

El salmista reconoce a Dios como *salutare vultus mei,* «salvación de mi rostro» (Salmos 42, 6; 12; 43, 5), como un resumen perfecto. Ser humano quiere decir tener rostro, poder relacionarse y, en definitiva, contemplar la gloria de Dios. El pecado nos lo arrebata, hace que nos retraigamos y nos alejemos de los demás, nos oculta, en efecto, el rostro. Debemos recuperarnos a nosotros mismos y «dar la cara».

En cierto sentido, la tecnología actual nos ha dejado sin cara y nos ha desconectado de nuestro yo, escondiéndonos detrás de las pantallas. También en este sentido es Dios la «salvación de mi rostro». Cuando las herramientas nos obstaculizan y olvidamos qué significa ser humanos, Él puede recuperarnos.

Este no es un libro sobre tecnología, porque trata de cómo recuperarnos a nosotros mismos para encontrar la paz. Hay numerosos estudios interesantes sobre los peligros digitales, pero esta obra es distinta, más profunda y práctica. La crisis exige una filosofía sensata, una explicación clara de la naturaleza humana, para que seamos capaces de reconciliarnos con nuestro yo. No basta con reparar en que la tecnología puede perjudicarnos, también debemos conocer el bien: el bien que nos forma y lo que es bueno para nosotros. La crisis exige teología, porque hemos sido creados por Dios y para Dios, y solo Él nos restaura. Por último, la crisis necesita de consejos prácticos, para que la filosofía y la teología no se queden en lo teórico y tengan impacto en nuestras vidas.

Christopher Blum y Joshua Hochschild han entrelazado todos los elementos en este libro, pequeño pero contundente, sabio en su comprensión de lo que significa ser humanos, certero en el poder de Dios para salvarnos y simple en sus tácticas para progresar. No habla solo de «desconectar», sino de reconectar con Dios y, de paso, con nosotros mismos. Que sus lectores sean muchos, y que les ayude a conocer la paz que Él nos prometió.

Paul Scalia
Corpus Christi, 2007

14

INTRODUCCIÓN

Os dejo la paz, mi paz os doy.

[Juan 14, 27]

¿TE HAS ARREPENTIDO alguna vez de enviar un correo electrónico, un mensaje o una publicación? ¿Has olvidado una cita recientemente, cuando hace uno o dos años la habrías recordado sin problemas? ¿Te sorprendes divagando cuando deberías estar atendiendo a la tarea o a la persona que tienes delante?

¿Y qué ocurre con el uso del tiempo? ¿Te cuesta evitar el impulso de comprobar el teléfono o el correo cada pocos minutos? ¿Te incomoda estar solo y tienes que hacer algo para no aburrirte? ¿Dedicas mucho tiempo a navegar por internet o a leer las últimas noticias? ¿Te das atracones de series o estás siempre jugando una partida más en la consola? ¿Estás tan preocupado por las redes sociales que no dejas de ver las actualizaciones, los estados y los «me gusta»?

¿Sueles ponerte más enfermo o estás más nervioso que en el pasado? ¿Te intranquiliza estar a tu aire? ¿Te sientes descentrado, distraído, falto de descanso? ¿Te agradan menos que antes la conversación, la lectura y la oración?

Si has respondido a varias de estas preguntas con un sí pesaroso, debes saber que no estás solo y que hay solución, para tu consuelo. Es posible recuperar el orden y la paz mental, pensar con más claridad y atender mejor. Los santos y sabios pueden enseñarte, y este libro tratará de acercarte sus consejos.

La bondad esencial de la paz apenas debe reivindicarse en una época caracterizada por la ansiedad creciente. Hay un coro de voces cada vez mayor que advierten de la influencia de los medios digitales en nuestra forma de vivir, sentir y pensar. En su éxito de ventas *Superficiales. ¿Qué está haciendo internet con nuestras mentes?*, Nicholas Carr confesaba que «ya no piensa como antes», y se lamentaba de su capacidad menguante para seguir un razonamiento complejo o para disfrutar de un libro voluminoso[1]. La conocida profesora de estudios tecnológicos Sherry Turkle afirma que los hábitos de uso digitales nos están volviendo «inseguros, aislados y solitarios», y ha advertido contra la tendencia de buscar consuelo en las máquinas[2]. En *The World Beyond your Head* el politólogo Matthew B. Crawford sugiere que esta época sufre de una «crisis de atención», cuyo resultado es la pérdida de la capacidad de actuar «según unos objetivos definidos

___

[1] Nicholas Carr, *The Shallows: What the Internet Is Doing to Our Brains* (Nueva York: Norton, 2010), 5 [Ed. castellano: *Superficiales: ¿Qué está haciendo Internet con nuestras mentes?*, Taurus, 2017]

[2] Sherry Turkle, *Alone Together: Why We Expect More from Technology and Less from Each Other* (Nueva York: Basic Books, 2012), 157.

y unos proyectos en curso», mientras caemos bajo el influjo de intereses poderosos, que se benefician de nuestra pérdida de autodominio[3]. Adam Gazzaley, neurocientífico, y Larry D. Rosen, psicólogo, han documentado y analizado los efectos de «emplear cerebros antiguos en un mundo hipertecnológico»: ansiedad, aburrimiento, pérdidas de memoria, mala gestión de los objetivos y una carencia generalizada de control cognitivo[4].

Otros muchos autores, de otras disciplinas y con distintas perspectivas, han contribuido a evaluar las consecuencias de la introducción de las nuevas y potentes tecnologías digitales en algunas de las áreas más íntimas y significativas de nuestras vidas. Según vayan desarrollándose y cambiando, alterando aún más el entorno social, cabe esperar que las tendencias ya detectadas continúen; la conclusión general es irrefutable: la tecnología moderna presenta un desafío impresionante para nuestro bienestar interior.

Hoy estamos menos enraizados, y nos manipulan con mayor facilidad, nos distraemos más y estamos más preocupados que hace tres décadas. No es una progresión saludable, y la pérdida del equilibrio mental y espiritual amenaza lo que más importa: el trabajo, la capacidad de tomar decisiones, el autoconocimiento y las relaciones con los demás y con Dios. Cada vez se vuelve más evidente que los hábitos de uso de la

---

[3] Matthew B. Crawford, *The World Beyond Your Head: On Becoming an Individual in an Age of Distraction* (Nueva York: Farrar, Straus, and Giroux, 2016), ix.

[4] Adam Gazzaley y Larry D. Rosen, *The Distracted Mind: Ancient Brains in a High-Tech World* (Cambridge/Londres: MIT Press, 2016).

tecnología inciden en el sufrimiento interior[5]. Hay que actuar, pero la solución no parece tan simple como apagar y desconectar, al menos para la mayoría. Lo que necesitamos es enfocar el autodominio con una mirada tan profunda y amplia que nos permita navegar por la época digital salvaguardando la paz interior.

Durante siglos, las comunicaciones humanas han experimentado varias revoluciones extraordinarias y, hasta la fecha y a largo plazo, todas han pervivido. No podríamos imaginar un mundo sin el alfabeto, la escritura o la imprenta, ni recrear de un modo realista un mundo en ausencia de las comunicaciones a larga distancia, posibles gracias al teléfono y el telégrafo, o las públicas, nacidas en el siglo XX de la mano de la radio y la televisión.

Muchos de nosotros, por el contrario, sí que recordamos el mundo antes del ordenador, de internet y del teléfono móvil. La revolución digital contemporánea data, como mucho, de hace treinta años y, en algunos casos —por ejemplo, en el de los teléfonos inteligentes y las redes sociales— es bastante más moderna. Esta revolución marcará también un cambio cultural permanente, cuya magnitud es más difícil de pronosticar.

Este libro se dirige a quienes se encuentran preocupados y desconcertados por la época digital en la que estamos. Aunque no pierda de vista las tecnologías digitales, trata sobre todo de examinar las cualidades del carácter que se han de cultivar para sobrevivir en este ecosistema de saturación mediática. En primer lugar, es

---

[5] Véase el estudio de la American Psychological Association, *Stress in America 2017: Technology and Social Media*, 23 de febrero de 2017, apa.org.

un recordatorio de lo que el género humano siempre ha sabido acerca de cómo avanzar, suave pero persistentemente, hacia el control sano de las facultades internas para sentir, comprender, escoger y celebrar el bien y la verdad. No es una apología de la retirada del mundo tal y como lo conocemos, sino una guía práctica para recuperar la paz interior mediante elecciones sabias y acciones ordenadas.

En su día, era moneda común considerar la paz interior como un premio a la vida virtuosa, a una vida sensitiva saludable y bien dirigida, a la claridad mental capaz de distinguir las causas de las cosas en un mundo en cambio, y a un corazón que se elevaba a Dios con frecuencia. Esta visión ha dado forma a las páginas que siguen, cuyo fin puede identificarse con esta metáfora cotidiana del apóstol Santiago: «El labrador espera el fruto precioso de la tierra aguardándolo con paciencia hasta recibir las lluvias tempranas y tardías. Tened también vosotros paciencia; fortaleced vuestros corazones porque la venida del Señor está cerca» (Santiago 5, 7–8). Si algo precisamos en estos tiempos es renovar el corazón en medio de las angustias que lo acechan. Para san Francisco de Sales, el «mayor mal que puede ocurrirle a un alma», además del pecado, es sucumbir a la ansiedad. «Si nuestro corazón se turba y preocupa», explicaba, «perderá tanto la fuerza precisa para preservar las virtudes adquiridas como los medios para resistirse a las tentaciones del enemigo»[6]. Siguiendo esa línea, este libro es una guía para redescubrir los aspectos de la sabiduría secular que puede restaurar la paz en nuestras almas.

---

[6] Francisco de Sales, *Introducción a la vida devota*, Palabra, 2014.

Una mente en paz es fruto de las conversaciones, a veces por correo electrónico, entre dos educadores católicos que han dedicado sus carreras a acercar a los estudiantes de hoy la sabiduría de la extensa reflexión tradicional de la Iglesia sobre la filosofía, la teología y la espiritualidad. Aunque no hemos coincidido en la misma institución desde que terminamos el doctorado, nuestra experiencia frente a los desafíos de la cultura contemporánea ha sido similar, y ha desembocado en la convicción de que la tradición intelectual católica atesora principios para el discernimiento que resultan vitales.

Este libro trata de reflexionar acerca de esos principios, y está dividido en tres secciones. En la primera se habla de las virtudes que conducen al orden en las acciones externas y en los apetitos que nos mueven a actuar. La segunda aborda las facultades sensibles, asediadas por los medios de comunicación, y la tercera examina las capacidades interiores más poderosas: la voluntad y el intelecto. Cada capítulo concluye con una breve selección de citas de la Escritura o de un clásico espiritual, aptas para la meditación o la oración, a las que se añaden varias preguntas para examinarse, y que servirán para formular resoluciones prácticas, asequibles y realistas con las que acercarnos al gozo de la paz interior.

Parte I
VIVIR BIEN

1.
AUTOCONSCIENTES

Te doy gracias por tantas maravillas;
prodigio soy, prodigios son tus obras.

[Salmo 139, 14]

LA PAZ ES PRESENCIA. Sabemos por las Escrituras que la paz es una perfección, un don de Dios, un estado positivo, dinámico y saludable, sea entre las personas o en el alma. San Agustín decía que la paz es la tranquilidad del orden[1]. No es un vacío ni una ausencia o un estado pasivo; más bien se trata de un reposo dentro de un estado activo. El orden es orden *de algo*, la disposición correcta de algo presente y real. Incluso en términos políticos sería un error considerar que la paz es la mera ausencia de actos violentos o destructivos: la verdadera paz política es una armonía dinámica entre estados o naciones. La paz es la existencia de una acción armónica.

Aquí trataremos de la paz personal, sobre todo de la mente, el corazón y el alma, que atañe de forma distintiva al ser humano. Por eso comenzaremos reflexionando

---

[1] San Agustín, *Ciudad de Dios* 19.13.

sobre lo que distingue al hombre. Poseemos cualidades propias, y la plenitud exige que estén ordenadas. En este sentido, comprender qué es la verdadera paz equivale a entender qué son la felicidad o la libertad, y para ello es preciso fijarse en las acciones esenciales del ser humano y en cómo pueden alcanzar su plenitud o perfección.

Comenzaremos por lo que no somos. No somos máquinas. Los robots ejecutan acciones que han sido determinadas por los estímulos mecánicos y eléctricos que se les aplican. Aunque empleemos metáforas propias de las máquinas para describir la actividad humana, y viceversa, sabemos que existe una diferencia insalvable entre nosotros y ellos. En el mejor de los casos, la inteligencia artificial replica las consecuencias de la inteligencia humana en su conducta, pero no la inteligencia en sí. Cuando programamos un ordenador para que aprenda o para que hable, no estamos creando una inteligencia viviente. La computadora que sabe y recuerda, en realidad, ni sabe ni recuerda; da igual lo convincente que resulte cuando dice «Te amo» o «No quiero morir», porque el hecho de que sea un robot hace que no creamos en su sinceridad. Nadie piensa que las máquinas sean capaces de mostrar un vínculo personal, angustia por la mortalidad ni ninguna otra inquietud humana.

A diferencia de los ordenadores, tenemos sentimientos, emociones y conciencia de nuestro entorno. Cuando una persona busca la paz, en gran medida se debe a que esos sentimientos, emociones y percepciones requieren de disciplina, coordinación y orden. Sin orden, la atención se vuelve difusa, distraída, confusa, sospechosa e ineficaz. Con orden, la atención está concentrada y dirigida, es fiable y da fruto. Dedicaremos varios capítulos a explorar los distintos niveles de las emociones y sentimientos, y a la forma de ordenarlos y dirigirlos adecuadamente. No obstante, somos mucho más que nuestros sentimientos y, si no somos máquinas, tampoco somos animales. Una vida ordenada no depende del instinto o de los condicionamientos conductuales. Debemos asumir la responsabilidad de alcanzar el orden del alma, que es la paz verdadera. Tenemos agencia —la capacidad de actuar—, y somos los responsables de ordenar nuestras acciones hacia un fin conocido. A diferencia de las máquinas y de otros animales, por tanto, nosotros sí podemos hablar de autodominio o de autocontrol. Elegimos, gobernamos nuestra actividad y sentimos la responsabilidad de hacerlo bien, por mucho que nos tiente ignorarlo. Este poder, el de elegir y actuar, es la clave para alcanzar la paz.

Los filósofos sostienen que somos animales racionales, y los teólogos que fuimos creados a imagen de Dios. Ambas afirmaciones pueden desarrollarse en extenso, pero en el fondo recogen una idea común sobre lo que distingue al ser humano. Somos únicos en el mundo natural porque podemos controlar a sabiendas nuestros actos, y porque compartimos la inteligencia providente. En resumen: nos diferenciamos de animales y máquinas en que actuamos con responsabilidad porque somos conscientes de los fines.

Esta chispa humana, la racionalidad, más que una habilidad para teorizar o calcular es una agencia racional, el conocimiento fundamentalmente humano de la acción intencional. Desde una perspectiva bíblica, ese destello del hombre es divino, imagen de la inteligencia y la voluntad perfectas. Al ejercer la agencia humana para gobernar nuestros actos, participamos activamente en la agencia divina que gobierna el universo entero.

Somos conscientes de lo que hacemos y nos responsabilizamos por ello. Evaluamos a nuestros semejantes humanos según sus actos, esto es, según si emplean de un modo adecuado su razón y su voluntad. Culpamos a quien elige lo que está mal, y podemos compadecernos de quien actúa así por ignorancia. Criticamos a quien carece de fuerza de voluntad y alabamos al que discierne y persigue voluntariamente un buen fin. De hecho, los ordenamientos legales solo tienen sentido cuando toman en consideración la capacidad de actuar con inteligencia y libertad. Un juez no determina únicamente los hechos de la conducta externa, sino el estado mental y las intenciones de quien actúa.

Podemos y debemos juzgar las acciones, los actos ajenos. Esa persona, ¿es generosa o trata de manipularme? ¿El choque ha sido accidental o voluntario? También juzgamos nuestras acciones, y deliberamos sobre el qué y el cómo deberíamos actuar. Sopesamos las motivaciones y las intenciones, buscamos que nos perdonen nuestras faltas y confesamos nuestros pecados.

La paz es una perfección de la capacidad humana de obrar que solo se alcanza mediante lo que elegimos hacer. Hasta el joven rico, que lo tenía todo, sabía que le faltaban la paz y la felicidad verdaderas que acompañan a la vida eterna, y por eso preguntó: «¿Qué he de hacer?» (v. Mt 19, 16). En este libro se verá cómo encontrar la paz personal que nace cuando se escoge y actúa bien, y para eso estudiaremos de cerca cómo ordenar las acciones. La felicidad no es cuestión de buenas intenciones, sino de entender y responder de un modo adecuado a las emociones, al medio y a los que nos rodean. Una persona que funciona bien no es aquella que resulta simpática o que deja una huella significativa en el mundo, sino la que se hace cargo de su situación, discierne las acciones que puede emprender y elige las mejores de forma sistemática.

El primer paso, por lo tanto, consiste en recordar que podemos elegir cómo actuar, que las acciones individuales y la vida activa y fructífera son indispensables para nuestra paz. Por eso hemos comenzado recordando nuestra condición de agentes y la imposibilidad de alcanzar la paz sin saber que todos nosotros, como seres humanos, podemos descubrir y perseguir unos objetivos específicos.

Hemos de asumir que somos agentes; por muy obvio que resulte repetirlo, no hay que olvidar que una de las causas de desasosiego actuales, un obstáculo para la paz, es esa especie de olvido de nuestra capacidad de actuar. Hay ideas e influjos que pretenden acorralarnos en la inactividad. Existen fuerzas que tratan de acallar la responsabilidad ante nuestros actos, desviándonos de la obligación de actuar o tentándonos para que ignoremos que somos capaces de hacerlo con un propósito definido.

Uno de los responsables es la mala filosofía. El relativismo, la postura de quienes asumen que no hay verdad, ni bien o mal, ni posibilidad de juzgar una acción como correcta o incorrecta, implica una visión insostenible para los sabios. Igual que hoy, en la Antigüedad el desmentido era categórico: ¿se precipitaría un relativista en el abismo que se abre ante él? Por supuesto que no, pero incluso los que no se adhieren totalmente al relativismo pueden asumir una versión más sutil, que afirma que el juicio sobre los actos humanos no es más que una opinión, lo contrario de un hecho. En su ensayo clásico, *La abolición del hombre*, C. S. Lewis denuncia el peligro de este relativismo blando, que reduce los juicios de valor a una simple expresión de sentimientos subjetivos y de herramientas con las que influir en los demás.

Ha habido críticos culturales que han identificado diversas formas en las que la cultura de masas moderna se comporta como si el ser humano no fuese en realidad agente de sus actos. La mentalidad burócrata, la terapéutica y la consumista describen, cada una a su manera, un patrón cultural en el que se trata a las personas como objetos manipulables, irresponsables de sus acciones. Nos reímos de las versiones exageradas de esta tendencia, como los residentes vagos, superficiales y embobados de la nave espacial Axdiom de la película animada *Wall–E*, en la que los robots son unos agentes más decididos a buscar su plenitud que los seres humanos. Pero lo hacemos con nerviosismo, incluso con vergüenza, porque nos reconocemos en la descripción, que caricaturiza la posibilidad, real, de que nos volvamos ciegos ante nuestra capacidad de actuar.

También la tecnología sofisticada puede oscurecer la conciencia de ser agentes, aunque en algunos casos sí que nos otorgue más poder, al extender o concentrar el alcance de nuestros actos. Sin embargo, es común observar que, una vez integradas las máquinas en los patrones de conducta, podemos sentir que nos dan forma[2]. Para emplear bien una herramienta se preci-

---

[2] Cfr. Nicholas Carr, *Atrapados. Cómo las máquinas se apoderan de nuestras vidas*, Taurus, 2014.

san habilidades y virtudes, pero las tecnologías no solo fortalecen nuestra agencia, sino que sustituyen esas habilidades y virtudes al permitirnos obtener resultados sin esfuerzo y sin sentido de la responsabilidad. Esta cualidad, que ya se había detectado, ha adquirido una dimensión específica en la época digital. En la investigación de Sherry Turkle sobre el uso de los teléfonos inteligentes y las redes sociales llama la atención que, cuando se pide a sus usuarios —sobre todo a los más jóvenes— que identifiquen los malos hábitos, las dinámicas insanas y el egoísmo y narcisismo que manifiestan al usar las tecnologías digitales, sean capaces de hacerlo, pero al mismo tiempo mantengan unas conductas a las que ya se han acostumbrado. Este es un síntoma clásico de adicción, que es una disminución de la agencia, una desviación patológica de la libertad por el surco de la compulsión. Sabemos que hay diseñadores de lo digital —aplicaciones, juegos, redes sociales— que inducen deliberadamente a la adicción aplicando los estudios más punteros sobre neurología y psicología para que los usuarios se enganchen a sus productos.

Para resistirse a la adicción y superarla el primer paso es ser conscientes, con honestidad, de que somos agentes con responsabilidad hacia los demás. El adicto debe asumir que su conducta es patológica y que necesita ayuda. Ese mismo reconocimiento ya es un avance hacia la recuperación de la agencia. Cuando un adicto se da cuenta de su problema y cede (por ejemplo, con el típico programa de rehabilitación en doce pasos) ya está manifestando que es responsable ante un bien o un fin mayor, Dios mismo, que puede ayudarle a reorientar sus actos.

Es bien sabido que Occidente, pese a su alto grado de salud y bienestar, o precisamente por él, presenta unos índices inusualmente elevados de depresión y de otras psicopatologías, que se manifiestan como una sensación de flaqueza de la voluntad o de parálisis para la acción. Desde un punto de vista teológico, es posible afirmar que el «mal innombrado de nuestra época» es la acedia o pereza, que no es simple indolencia, sino desánimo, sopor o desesperación, un sentimiento de falta de sentido y de impotencia[3]. En el *Purgatorio* de Dante, cada uno de los siete pecados capitales se purga con oración y con un castigo que purifica. El pecado de quienes no se mueven por amor, y cuyo sentido de la agencia ha sido degradado por la acedia, se remedia con la acción más simple y primitiva: correr. El alma, al insistir en hacer algo ejerciendo su voluntad, recuerda y fortalece su poder y recupera el ímpetu. Virgilio le explica a Dante en ese lugar del purgatorio el poder distintivo del alma humana, su verdadera libertad:

Para acordar con este otros impulsos, todos tenéis una
virtud innata que controla la entrada y la admisión.
Y es en esa virtud donde radica el mérito, acogiendo
o rechazando ya los buenos amores, ya los malos[4].

---

[3] Sobre este asunto, véase por ejemplo Jean-Charles Nault, OSB, *El demonio del mediodía. La acedia, el oscuro mal de nuestro tiempo*, Ciudad Nueva, 2014; y R. J. Snell: *Acedia and Its Discontents: Metaphysical Boredom in an Empire of Desire* (Kettering, OH: Angelico Press, 2015).

[4] Dante, *Purgatorio,* canto XVIII, 61–66. Traducción de José María Micó.

Bendición para quienes escogen el camino de Dios

Salmo 1

¡Dichoso el hombre que no sigue el consejo de los impíos, ni en la senda de los pecadores se detiene, ni en el banco de los burlones se sienta, mas se complace en la ley de Yahveh, su ley susurra día y noche!

Es como un árbol plantado junto a corrientes de agua, que da a su tiempo el fruto, y jamás se amustia su follaje; todo lo que hace sale bien.

¡No así los impíos, no así! Que ellos son como paja que se lleva el viento.

Por eso, no resistirán en el juicio los impíos, ni los pecadores en la comunidad de los justos.

Porque Yahveh conoce el camino de los justos, pero el camino de los impíos se pierde.

Preguntas para la reflexión

- ¿En qué actividades soy más consciente de mi responsabilidad como agente y me siento más concentrado y capacitado, y más legitimado para actuar con mi verdadero ser? ¿Debo retomarlas?

- ¿En qué áreas de mi vida tiendo a actuar de forma compulsiva, me siento tentado a ignorar mi agencia o me inclino a rehuir la responsabilidad? ¿Presento algún patrón de conducta del que me convendría prescindir?

2.
PUROS DE CORAZÓN

LA VIDA ES UN BIEN SUPREMO. Dios es su misma vida, que ha compartido con sus criaturas. Como dice de forma memorable san Pablo, tomando prestadas las palabras de un poeta de la Antigüedad, «en él vivimos, nos movemos y existimos» (Hechos 17, 28). El Hijo del Hombre afirmó esta verdad solemne: «He venido para que tengan vida, y la tengan en abundancia» (Juan 10, 10), y es verdad que, para Jesús, «mis delicias están con los hijos de los hombres» (Prov 8, 31), porque eligió a unos hombres y mujeres determinados como sus amigos íntimos, a quienes enseñó y educó para invitarles a compartir su labor, cuando su misión estaba a punto de concluir. «No os llamo ya siervos, porque el siervo no sabe lo que hace su amo; a vosotros os he llamado amigos, porque todo lo que he oído a mi Padre os lo he dado a conocer» (Juan 15, 15). El modo de vida del Señor fue tan ordinario, tan conmovedor en su humanidad y tan poco divino, que estremeció y escandalizó a los que no discernían. «Vino el Hijo del hombre, que come y bebe, y dicen: "Ahí tenéis un comilón y un borracho, amigo de publicanos y pecadores"» (Mt 11, 19). Sí, Jesús cenó con Zaqueo, lloró por Lázaro, convirtió el agua en vino en Caná, bendijo a los niños que se le acercaron y afirmó solemnemente la santidad del matrimonio de por vida entre hombre y mujer. El Señor de cielo y tierra es el Señor de la vida.

La confusión al respecto es hoy acusada, y los vientos de los evangelios contrarios nos zarandean: es bueno que podamos poner fin a nuestra vida; es bueno que se pueda matar a los hijos en el seno materno; es bueno casarse con quien nos plazca, para siempre o durante el plazo que escojamos. Tranquiliza observar que este vendaval de opiniones lleva girando durante casi un siglo, y que ha sido contestado una y otra vez por tenaces testigos de la verdad. El poeta anglicano T. S. Eliot respondió a la decisión de la Iglesia de Inglaterra de aceptar la contracepción como una práctica normal en 1939 afirmando que «sería más natural, y estaría más en consonancia con la voluntad de Dios, que hubiese más célibes, y que los casados tuviesen familias más extensas»[1]. Su contemporáneo, Gabriel Marcel, advirtió que el siglo XX había presenciado «una subversión sistemática, que ya no se dirige contra las doctrinas reveladas o los principios que sostiene la tradición, sino contra la misma naturaleza»[2]. Y, por encima de todo,

---

[1] T. S. Eliot, "The Idea of a Christian Society" (1939), en *Christianity and Culture* (Nueva York: Harcourt, 1977), 48.

[2] Gabriel Marcel, *Homo viator: prolegómenos a una metafísica de la esperanza*, Sígueme, 2005.

recordamos la réplica llamativa de una diminuta monja albanesa a la permisividad cultural, desde el estrado de la entrega de los premios Nobel en 1979: el aborto «es hoy el mayor destructor de la paz. Si una madre puede matar a su hijo —y entonces yo puedo matarte a ti, y tú a mí—, ya no queda nada»[3].

Este es el contexto en el que hay que situar a la gloriosa y magna virtud de la templanza, piedra fundacional de una sociedad justa y de la paz interior, porque con ella protegemos la fuente de la vida de nuestros cuerpos, y la colocamos bajo la ley de la razón y la gracia. Considerada a veces como autodominio, la templanza es un requisito previo para la libertad verdadera.

«El corazón manso es vida del cuerpo; la envidia es caries de los huesos» (Prov 14, 30). Este fragmento de sabiduría cala hondo, porque en él vemos la unidad esencial entre cuerpo y alma, así como una indicación de las diferentes potencias del alma, a las que los filósofos denominan vegetativa, sensitiva y racional. Compartimos con animales y plantas la vida, y no debería sorprendernos que algunas de esas potencias operen sin que pensemos en ellas, más allá de nuestro control. Igual que las plantas realizan la fotosíntesis, crecen y producen semillas según su naturaleza, sin elección, nosotros digerimos, crecemos y producimos semillas de un modo automático, en cierto sentido. La templanza interviene sobre las sensaciones, porque sentimos placer al alimentarnos y reproducirnos, como los demás

---

[3] Madre Teresa, discurso de aceptación del premio Nobel, 11 de diciembre de 1979, Nobel-Prize.org, http://www.nobelprize.org/nobel_prizes/peace/laureates/1979/teresa-lecture.html.

animales, aunque no controlemos los procesos biológicos que subyacen a esos procesos y los hacen posibles. Hay diferencias indudables, por tanto, entre el poder de la vida y el apetito asociado a su acción. Muchos desean aquello que sobrepasa lo que es bueno para su biología y, cuando ceden a sus anhelos una y otra vez, la «pasión es caries de los huesos».

La virtud de la templanza es la disposición para disfrutar de un modo adecuado de los placeres que conllevan esas funciones biológicas básicas, en el momento adecuado y con el fin adecuado. Como las demás virtudes que estudiaremos, también es un hábito que, igual que nadar a espalda, montar en bici o leer en latín, se alcanza superando las capacidades con las que nacimos. El carácter se forma con los hábitos, y el hombre o la mujer que los demás consideran que somos es la persona que se inclina por actuar de un modo determinado, según un hábito. El ser humano necesita hábitos porque su capacidad de elegir y actuar es muy amplia: puede estudiar ingeniería aeronáutica o teoría musical, practicar esgrima o baile, ser generoso o tacaño, compasivo o inconmovible, etcétera. Entre estos hábitos que adquirimos muchos se refieren a la mente, pero otros atañen al cuerpo y sus apetitos. La templanza gobierna sobre un apetito vital doble: ni podemos vivir sin comer ni la especie humana puede sobrevivir sin reproducirse. Ambos nos procuran placer, como al resto de animales, y la cuestión es si lo afrontamos como hombre y mujeres o como bestias.

Pese a que suene extraño, la templanza o moderación en el deseo de placeres carnales es un aspecto del idealismo moral, un hito de excelencia que no todos escogen. Sabemos de cínicos endurecidos, como el vaquero de la canción de Tom T. Hall "The cowboy and the poet", para quien, en 1975, el sentido de la vida se reducía a «caballos más rápidos, mujeres más jóvenes, whisky más añejo y más dinero». Durante siglos, ha habido muchas voces, en apariencia reputadas, que han sostenido algo similar, como el ensayista Montaigne, quien escribió que «hay que aferrarse con uñas y dientes a los placeres de la vida que los años nos van arrebatando, uno tras otro»[4]. El canto de sirena que escuchamos, bajo una u otra versión, nos dice que nos amoldemos a nuestra libido, pero el ideal cristiano es distinto, de hecho opuesto, como expresó san Benito, padre del monaquismo occidental, en forma de regla para las buenas obras: «Niégate a ti para seguir a Cristo, disciplina el cuerpo y no seas indulgente, y ten al ayuno en alta estima»[5]. Queremos ser libres para seguir a Cristo, gobernar nuestros deseos y no ellos a nosotros, y por eso debemos «tener al ayuno en alta estima». Los apetitos más bajos deben refrenarse y ordenarse para que los más nobles nos guíen, de tal forma que esa restricción nos permita crecer, como un camino hacia la victoria y hacia el ideal que anhelamos.

Hubo una época en la que esta era una aspiración común. Desde antiguo, los sabios han considerado la templanza una virtud indispensable en la juventud. ¿Por qué? Sería injusto esperar de los jóvenes que fuesen ejemplo de prudencia y justicia, ya que carecen de la experiencia o la responsabilidad con las que se

---

[4] Michel de Montaigne, *Ensayos*, 3 vol., Cátedra, 2013.
[5] *Regla de san Benito*, BAC, 2006.

adquieren. Pero los muchachos y muchachas sí pueden aprender a disciplinar el apetito por los placeres del cuerpo y, cuando no lo consiguen, se dice que se han echado a perder o, al menos, que su capacidad para escoger el bien está amenazada. Admiramos y elogiamos a José cuando rechaza a la mujer de Putifar, y aborrecemos a David cuando seduce a Betsabé. Estos apetitos son animales indóciles que nos destruyen si no los domesticamos. Cuando el corazón está pendiente de los placeres del cuerpo, el alma está en peligro, según observó san Francisco de Sales: «Quien se gana el corazón del hombre gana a todo el hombre»[6]. Recordemos el espectáculo horrible de Denethor atiborrándose de comida ante la mirada del *hobbit* Pippin en la versión cinematográfica de *El retorno del rey*, señal clara de su falta de autocontrol, y una ventana certera a un alma alejada de la paz. También es un signo artístico y, si vemos que Denethor no rige sobre sus pasiones, sabremos que tampoco guiará a otras personas al bien. Para tener la libertad de servir a los demás con eficacia hemos de liberarnos antes de nuestro yo más bajo. Esta victoria es el primer paso hacia la paz interior, como han recordado durante siglos los maestros espirituales. «Resistiendo a las malas inclinaciones se adquiere la auténtica paz, no sometiéndose a ellas»[7].

Igual que nos desagrada la conducta brutal y degradante, nos entristecemos cuando los dispositivos

---

[6] Francisco de Sales, *Introducción a la vida devota*, 172.

[7] Tomás de Kempis, *La imitación de Cristo*, I.6. Todas las citas de esta obra clásica devocional del siglo XV se han traducido del original en latín (N. del a.).

digitales consumen la atención de los miembros de la familia y, a causa de los placeres de la estimulación tecnológica, dejan de hablar entre ellos. Todo aquello que se convierta en un deseo imperioso y desordenado debe atemperarse: si la virtud comienza, tradicionalmente, con la moderación de las inclinaciones animalescas hacia el placer, hoy debemos practicar la moderación ante los irrefrenables placeres sensoriales del ensimismamiento digital en cualquier etapa de la vida. Puede ser tan sencillo como ayunar de dispositivos ciertos días, a ciertas horas o durante determinadas actividades.

En el consumo de medios, como en otros, el ayuno y la disciplina en periodos determinados no son una excusa para la falta de moderación posterior, y san Francisco de Sales nos muestra el camino que debemos seguir: «Una constante y moderada sobriedad vale más que las abstinencias violentas, hechas de tarde en tarde y con treguas de gran relajación»[8]. Convirtamos primero la templanza en el ideal y después, poco a poco, con determinación, encaminemos nuestra vida diaria hacia ese nivel exigente. Sin miedo, sabiendo que el Señor de la vida, nuestro Buen Pastor, nos otorgará la gracia que nos protege de las tentaciones a su tiempo para dar orden a los apetitos, libertad a los actos y paz al alma.

---

[8] Francisco de Sales, *Introducción a la vida devota*, 174.

Poner el deseo en los bienes más altos

San Agustín de Hipona (354—430)

Todos los cuerpos que son hermosos, como el oro, la plata y todos los demás, tienen, en efecto, su encanto. En el tacto físico interviene por mucho la congruencia de las partes, y cada uno de los demás sentidos percibe en los cuerpos cierta modalidad propia. También el honor temporal y el poder mandar y dominar tienen su atractivo, de donde nace la avidez de venganza.

Sin embargo, para conseguir todas estas cosas no es necesario abandonarte a ti, ni desviarse un ápice de tu ley. También la vida que aquí vivimos tiene sus encantos, por cierta manera suya de belleza y por la correspondencia que tiene con las inferiores. Cara es, finalmente, la amistad de los hombres por la unión que hace de muchas almas con el dulce nudo del amor.

Por todas estas cosas y otras semejantes se peca cuando por una inclinación inmoderada a ellas —no obstante que sean bienes ínfimos— son abandonados los mejores y sumos, como eres tú, Señor, Dios nuestro; tu Verdad y tu Ley.

Cierto que también estos bienes ínfimos tienen sus deleites, pero no como los de Dios, hacedor de todas las cosas, porque en él se deleita el justo y hallan sus delicias los rectos de corazón[9].

---

[9] San Agustín, *Las confesiones*, Palabra, 2020.

Preguntas para la reflexión

- ¿He purificado lo suficiente mi corazón para estimar los bienes espirituales más que los sensoriales?

- ¿Mis hábitos al comer y beber me alejan de mis obligaciones al interferir con el sueño, al incapacitarme para el trabajo al día siguiente o al poner en riesgo mi salud de cualquier otra forma?

- ¿Estoy abierto a las tentaciones contra la templanza por no vigilar el uso de los medios digitales?

3.
TENACES

Sin esfuerzo no se consigue el descanso
ni sin pelea se alcanza la victoria.

[Tomás de Kempis, *La imitación de Cristo* III.19]

LAS VIRTUDES QUE PRESERVAN nuestra libertad de agentes son gemelas: la templanza y la fortaleza. La primera abre los grilletes, la segunda nos arma para la batalla.

La vida es un combate, y no encontraremos la paz sin reconocer antes que estamos llamados al esfuerzo y al trabajo, a la lucha y a la protección. Mucho antes de que la tierra adoptase su forma a partir de los restos de explosiones estelares, el Maligno se alzó contra Dios y fue arrojado del cielo con una multitud de ángeles rebeldes. Más tarde, cuando Adán cayó, atrapado como Eva por el deseo de gobernarse sin tener en cuenta la ley de Dios, la tierra se desplomó con ellos, de modo que, a pesar de su belleza y su orden, las rosas crecen entre espinas y nos da sus frutos con renuencia. La búsqueda del bien se despliega en un contexto que sobrepasa nuestras elecciones, gustos o rechazos. Para preservar la vida y buscar la santidad debemos enfrentarnos a obstáculos innumerables y formidables, tanto materiales como espirituales.

«Pues no es otra cosa el miedo sino el abandono del apoyo que presta la reflexión» (Sab 17, 12). El miedo es una pasión temible. El deseo siempre alberga la promesa de un placer: atrae, seduce, incita. El miedo espanta, inquieta y nos pone en estado de confusión. Los grandes temores nos repelen y, sin una fuerza de carácter extraordinaria, nos limitamos a huir. Los más pequeños nos agitan y, cuando no basta con la firmeza, arremetemos contra ellos, causando más daños a nosotros y a los demás en esa autodefensa irracional de los que habríamos sufrido si nos hubiésemos limitado a soportar el dolor, la incomodidad, las molestias o las ofensas. La fortaleza es la armadura de la razón y el núcleo de la paz interior. Si nuestras almas son tenaces, los muchos miedos que nos asaltan cada día no las conquistarán, y además nos prestarán un gran servicio.

Aristóteles, al estudiar la virtud de la fortaleza, se esmeró en advertir a sus alumnos contra los impulsos que podrían parecer falsamente valientes. Uno de ellos es la prontitud para actuar con precipitación que se da en los jóvenes o en los impetuosos. Otro es la inclinación a luchar o a trabajar de modo compulsivo, como un mercenario o un esclavo. Estos simulacros y sustitutos del coraje nos enseñan a valorar la verdadera virtud. Nuestra fortaleza debe ser interior, libre y racional. Es una disposición firme a superar el miedo por un fin noble, por los bienes que conforman las comunidades de las que participamos, por el bien de la familia, del vecindario, de la parroquia, de la empresa, de la ciudad.

Para que la fortaleza sea una virtud debe brotar de nuestras elecciones y actos.

Si no somos soldados, ¿cómo nos entrenaremos en este hábito? En primer lugar, cumpliendo los deberes cotidianos con constancia. Nuestro Salvador, el hijo del carpintero, nos enseñó con su ejemplo a no despreciar el trabajo ordinario, y el testimonio de los primeros cristianos también es inequívoco. Fuese san Pablo remendando tiendas, san Timoteo atendiendo a las lecturas y oraciones o Priscila y Aquila facilitando con su hospitalidad que se compartiese el Evangelio, los seguidores de Cristo asumieron las tareas que tenían por delante sin dilaciones y con un corazón generoso. La escritura exhorta al trabajo valiente con palabras sencillas: «En todo lo que hagas sé moderado, y no te vendrá enfermedad alguna» (Eclo 31, 22). Por otra parte, es cierto que trabajamos para disponer de tiempo libre, y el uso más elevado de ese tiempo es la contemplación y la adoración. No debemos perder de vista la ordenación correcta de los bienes. Al hacerlo, tampoco olvidaremos que nuestro trabajo productivo, de la clase que sea, sirve a muchos y, si lo consideramos como un servicio, fortalecerá nuestros corazones.

El otro camino universal hacia la fortaleza es el ejercicio diario del dominio de las emociones, regidas por la gracia y la razón. En su clásico manual para alcanzar la paz interior, el monje Tomás de Kempis plasmó con fuerza y concisión lo que dice la tradición cristiana acerca del dominio de las emociones:

Hijo; no le creas al deseo que ahora tienes, muy pronto se cambiará en otro. Mientras vivas estarás sujeto al cambio aunque no quieras; porque a veces te encontrarás alegre, a veces triste, unas veces tranquilo, otras perturbado, unas veces devoto, otras sin devoción, a veces atento, a veces descuidado, a veces pesado, a veces liviano. Pero la persona sabia y bien instruida en el espíritu se mantiene firme por encima de todo lo cambiante. No atiende a lo que siente dentro de sí o de qué parte sopla el viento de la inestabilidad sino a dirigir toda la intención de su mente hacia el debido y deseado fin[10].

Vivir el autodominio no es trivial. ¿Qué enemigos son más amargos, más constantes y más difíciles de desterrar que los miedos y la ira irracional que acumulamos en el contacto diario con el prójimo? «Más vale el hombre paciente que el héroe, el dueño de sí que el conquistador de ciudades» (Prov 16, 32). Qué cierto, y qué difícil es procurarse la serenidad que nace de la fortaleza. ¿Cómo se puede conseguir? Avanzando poco a poco en la paciencia, la perseverancia y la constancia.

En las cartas de san Francisco de Sales encontramos consejos valiosos para vivir así. Durante sus dos décadas de episcopado en Génova escribió miles de ellas, a religiosas como santa Juana de Chantal, a sacerdotes, y a hombres y mujeres laicos. Sin reparar en su destinatario, empleó siempre la misma voz: directa, espontánea y, sobre todo, cálida. Aconsejó a sus amigos, una y otra vez, que buscasen la alegría en los asuntos espirituales, que mirasen a los santos para buscar la inspiración, que se esforzasen por atender

---

[10] Tomás de Kempis, *La imitación de Cristo* III. 33.

a Dios amorosamente y que recreasen imágenes concretas del Señor: la de Jesús arrodillado en Getsemaní, la de sus heridas, la de su mano tendida para ayudar y, sobre todo, la de Cristo clavado en la cruz. De todas las virtudes, las más citadas en sus cartas fueron la perseverancia, la constancia y la paciencia, que son las tres que nos ayudan a soportar las cargas. Las dos primeras se refieren a los esfuerzos prolongados, donde la perseverancia es la disposición para afrontar el sufrimiento que conlleva el trabajo y la constancia la determinación de continuarlo a pesar de las tentaciones que invitan a dejarlo de lado en favor de otros fines más atractivos. La paciencia es la virtud, más amplia, del saber sufrir, aunque se refiere especialmente a las molestias que nos causan los demás. Es uno de los cimientos de la vida virtuosa y devota porque poseerla significa tener fortaleza mental ante las incomodidades y sufrimientos. Según explicaba santo Tomás de Aquino, la paciencia «arranca de raíz la turbación de las adversidades que quitan la tranquilidad del alma»[11].

En sus enseñanzas sobre cómo vivir estas virtudes, De Sales siempre era práctico y alentador. A un destinatario que se frustraba porque sus deberes cotidianos interrumpían el horario previsto de devociones le escribió unas palabras, amables pero firmes, que le ayudarían a corregir la perspectiva: «Dios quiere que le sirvas como eres, mediante los ejercicios y actos virtuosos acordes con tu estado de vida. Además de persuadirte de esta verdad, debes amar tu estado y sus obligaciones, y hacerlo con ternura, por amor de Aquel que lo ha querido

---

[11] Santo Tomás de Aquino, *Summa Theologiae II-II, Q. 136, art. 2, ad. 2.*

así»[12]. Otros amigos recibieron consejos similares. La constancia exige que «nuestros corazones sean nuestro tesoro, y deberían vivir en el cielo». En este peregrinar, «caminemos firmes por la senda en la que nos ha colocado la providencia de Dios, sin mirar ni a derecha ni a izquierda». Andar en amistad con Dios no es labor de un día, sino de una vida, y por eso «es preciso recomenzar a diario», recordando que «no hay mejor forma de fructificar en la vida espiritual que empezar de nuevo, sin pensar que ya se ha hecho suficiente». El mayor obstáculo es, por descontado, la debilidad propia, pero la perseverancia precisa que no reparemos en nuestras faltas y mantengamos la confianza en el Señor: «Dios te sostiene entre sus manos», escribió el santo, «y si deja que tropieces es solo para que asumas que, si no te sujetase, caerías del todo, de modo que te agarres más fuerte de su mano»[13].

Este recurso a la imaginación es característico de la espiritualidad de Francisco de Sales, quien solía recomendar que, cuando faltase la paciencia, trajésemos a la mente algún pasaje de la vida de Jesús. A uno que padecía temores le dijo: «Sé firme en tus resoluciones. Permanece en el barco. Deja que venga la tormenta. Donde vive Jesús tú no morirás». A otro, que atravesaba una depresión, le aplicó un remedio más potente: «Sigue abrazando a tu Señor crucificado, entrégale tu corazón y conságrale tu mente con

---

[12] Francisco de Sales, *Roses among Thorns: Simple Advice for Renewing Your Spiritual Journey*, ed. y trad. Christopher O. Blum (Manchester, NH: Sophia Institute Press, 2014), 51–52.

[13] Ibíd., 73, 93, 60, 24.

tus afectos, tal y como son». El que protestaba por un sufrimiento amargo recibió la respuesta más fuerte: «Trae cada día a tu mente los sufrimientos que padeció el Señor por nuestra redención… y considera qué bueno es que participes en ellos»[14]. La estampa del Salvador crucificado es la medicina apropiada para el alma: «La vida toda de Cristo fue cruz y martirio ¿y tú buscas el descanso y la alegría?»[15]. Podría tentarnos aliviar el malestar psicológico con el alivio falso de las distracciones digitales, pero sería cobardía, y no valor, y no nos sanaría. Cuando la autocompasión, el estrés, el dolor o el aburrimiento llaman a nuestra puerta, nos volveremos hacia la cruz y miraremos al Señor. Él puede disipar la oscuridad de nuestras penas y temores, renovando nuestra mente para acometer las tareas de la vida cristiana.

[14] Ibíd., 79, 63, 29.
[15] Tomás de Kempis, *La imitación de Cristo* II. 12.

Soldados de Cristo

2 Timoteo 2, 1–7

Tú, pues, hijo mío, mantente fuerte en la gracia de Cristo Jesús; y cuanto me has oído en presencia de muchos testigos confíalo a hombres fieles, que sean capaces, a su vez, de instruir a otros. Soporta las fatigas conmigo, como un buen soldado de Cristo Jesús. Nadie que se dedica a la milicia se enreda en los negocios de la vida, si quiere complacer al que le ha alistado. Y lo mismo el atleta; no recibe la corona si no ha competido según el reglamento. Y el labrador que trabaja es el primero que tiene derecho a percibir los frutos. Entiende lo que quiero decirte, pues el Señor te dará la inteligencia de todo.

Preguntas para la reflexión

- ¿Tengo presentes los deberes de mi estado de vida para reconocer los obstáculos y sufrimientos que me asalten como oportunidades de servir al reino de Dios?

- ¿Está mi vida cotidiana ordenada —al levantarme, al dormir, al hacer ejercicio y al aprovechar el tiempo—, de forma que pueda aplicarme con entusiasmo y eficacia al servicio de los demás?

- ¿Me permito ceder a la ansiedad, el miedo y la ira irracional sin recordar la bondad y el cuidado providencial de Dios por mí?

4.
POBRES DE ESPÍRITU

> Nadie llamaba suyos a sus bienes,
> sino que todo era en común entre ellos.
>
> [Hechos 4, 32]

SI HAY UNA VIRTUD QUE se malinterpreta hoy es aquella que los antiguos llamaban liberalidad, y la tradición cristiana desprendimiento de las posesiones materiales. Sabemos que a los pobres de espíritu se les ha prometido el reino de los cielos, pero ¿esperamos consuelo para la pobreza en el mundo? Para Aristóteles, la denominación de la virtud que gobierna el recto uso del dinero es la palabra que en griego significa libertad, y la implicación es evidente: al mísero y al derrochador los poseen sus posesiones y el deseo de tener más, pero el hombre o mujer con una pasión bien ordenada hacia los bienes que puede comprar el dinero son libres, señores o señoras de esas pertenencias.

Tal vez dudemos de su pertinencia. ¿No bastaría, al fin y al cabo, con la virtud de la justicia para regular el uso del dinero y de lo que este puede comprar? Si respetamos la ley, cumplimos con los compromisos y responsabilidades en el trabajo y buscamos el beneficio únicamente en las actividades económicas que suman al bien común, ¿por qué se nos pide más?

La respuesta, por descontado, está en el esfuerzo interior, en los deseos. Si no nos libramos internamente del deseo de riquezas y de las trampas del bienestar, no obtendremos la paz.

La tradición cristiana da un testimonio unánime en esta materia. Ya el Señor se pronunció con frecuencia y dureza, culminando con una advertencia que nos golpea en el corazón: «No se puede servir a Dios y al dinero» (Mt 6, 24; Lc 16, 13). El apóstol san Juan también fijó el asunto dentro del corazón, esto es, allí donde están los anhelos más profundos y el empeño de la voluntad. «No améis al mundo ni lo que hay en el mundo», escribió, «puesto que todo lo que hay en el mundo —la concupiscencia de la carne, la concupiscencia de los ojos y la jactancia de las riquezas— no viene del Padre, sino del mundo» (1 Juan 2, 15–16). ¿Por qué es precisa una virtud adicional que corrija el deseo de bienes bellos, cómodos, actualizados y a la moda? Porque el «ojo del avaro no se satisface con su suerte» (Eclo 14, 9) y, como reiteraba san Francisco de Sales, «nadie reconoce que es codicioso»[1].

Confrontando con estas sentencias, ya podemos reconocer que debemos trabajar sobre nuestros deseos, tomándoles la medida con determinación. De nuevo san Francisco, «Si al perder alguno de tus bienes sientes que tu corazón queda muy desolado y afligido es

____

[1] Cfr. *Introducción a la vida devota*, 150. Adaptado en parte según el sentido del original francés.

debido a que le tenías mucha afición»[2]. Para la paz interior debemos desprendernos de nuestras posesiones, nada menos.

Este desapego no es fácil, y lo vemos en estas frases de santa Teresa de Ávila, quien escribía así a su hermano, aludiendo a un amigo que había sufrido una pérdida material significativa:

Me angustia terriblemente ver que no tiene más valor para afrontar la prueba que Dios le pone, porque no creo que venga de otro sitio. Ruega a Dios que le haga reparar en esto para que deje de importunarle. Esto sucede cuando no nos desprendemos, y la mayor ganancia es perder la riqueza, que es tan efímera y, en comparación con las cosas eternas, de tan poco valor. Aun así nos irritamos y nuestras ganancias se vuelven pérdidas. Pensaba hoy en cómo Dios concede posesiones según su voluntad, y cómo un hombre así, que ha servido a Dios durante tantos años, considera que sus posesiones le pertenecen más a él que a los pobres, y está tan afligido por su pérdida. Pienso para mí qué poco me habría molestado si me hubiese ocurrido, pero recuerdo cómo me sentí cuando en Sevilla vimos que estabas en peligro de perder tus bienes. La verdad es que nunca nos conocemos, así que lo mejor es huir de todo al Todo y, quienes no puedan hacerlo, mediten con frecuencia, no sea que nuestra naturaleza nos haga esclavos de las cosas inferiores[3].

Viniendo de una mujer santa y orante, nos sorprende que también ella se sintiese apegada al dinero y a lo

---

[2] Ibíd., 152.

[3] *Santa Teresa de Jesús. Cartas*, Monte Carmelo, 2017.

que este puede comprar. Si la pobreza de espíritu fue tan difícil para santa Teresa, no podemos esperar algo distinto para el resto.

Una de las primeras tareas consiste en admitir que hay diferencia entre nuestras aspiraciones y nuestras necesidades, y que la riqueza siempre ha trazado una división en el mundo. Los pobres siempre estarán con nosotros, y por tanto, se deduce que también los ricos, a los que tendremos que sobrellevar. Y los adinerados, esto es, aquellos que pueden permitirse tener buen gusto, nos influyen de una forma desproporcionada, que nada tiene que ver con su número o sus méritos intrínsecos. Deslumbrados por las modas, podríamos justificar que necesitamos mejores ropas, un automóvil más fiable, una casa más adecuada para recibir a familia y amigos o un teléfono u ordenador con las últimas funcionalidades y medidas de seguridad. La publicidad nos asedia de continuo, y es preciso reconocer que su único fin es enraizar en nosotros esos deseos a un nivel tan profundo como puedan.

Si permitimos que nuestras mentes y corazones se conformen según lo que ofrece el mundo no alcanzaremos la paz, porque esta recompensa se reserva para quienes se conforman con lo sencillo.

La sabiduría tradicional cristiana también es clara y unánime en esto, y la única aspiración legítima es la que busca lo necesario. «Aleja de mí la mentira y la palabra engañosa; no me des pobreza ni riqueza, déjame gustar mi bocado de pan» (Prov 30, 8). «El camino de la paz y de la verdadera libertad» consiste en elegir siempre «tener menos y no más»[4]. Cristo nos pide que imitemos

---

[4] Tomás de Kempis, *La imitación de Cristo*, III.23.

a las aves del cielo y a los lirios del campo, que «no tienen dónde reclinar la cabeza», como el Hijo del Hombre (Mt 8, 20; Lc 9, 58). Busquemos primero el reino de Dios, con un amor que hace palidecer los deseos de bienes terrenos.

Esta perspectiva tiene mucho de razonable, y así lo entendieron los sabios. Hasta Aristóteles admitió que los virtuosos suelen conformarse con menos porque destinan su dinero a fines nobles, como la amistad o el bien común, y no a su lucimiento o comodidad personales. El filósofo cristiano de la antigüedad tardía Boecio ofreció otra explicación, más profunda. Como nuestros cuerpos están sujetos al dolor y las amenazas, y las necesidades que podamos anticipar para el futuro son interminables, cuesta asumir el estado material en el que nos ha puesto la vida, sin angustiarse por las ganancias y las posesiones. La solución, explicaba, consiste en tener presente el cuidado providente de Dios por nosotros, que se manifiesta, entre otras formas, haciendo que nos rodeen amigos que vendrán en nuestra ayuda en tiempos de necesidad.

Además de resguardarnos con prudencia del deseo de adquirir y poseer, san Francisco de Sales ofrecía otros dos consejos para avanzar en la pobreza de espíritu. El primero, «andar con frecuencia entre ellos [los pobres]; complácete en hablarles; no te desdeñes de que se acerquen a ti en las iglesias, en las calles y en todas partes»[5]. Puede ayudarnos recordar que la madre Teresa advertía que siempre hay pobres en nuestras familias o vecindarios, sea en lo material, lo espiritual o lo

---

[5] De Sales, *Introducción a la vida devota*, 153.

emocional. El segundo consejo es alegrarse cuando sintamos que «no somos socorridos como convendría»[6]. Ofrecer que la ropa no sea de temporada o que el móvil no esté a la última puede parecer poca cosa, pero lo pequeño, cuando se entrega a Dios con amor, puede desbrozar los espinos del deseo indominado en nuestro corazón. «Lo que recibimos puramente de la voluntad de Dios siempre le es más agradable», continúa san Francisco, «con tal que lo aceptemos de corazón y por amor a su voluntad divina: donde hay menos de nuestra parte, hay más de parte de Dios»[7].

<hr>

[6] Ibíd., 154–55.
[7] Ibíd., 156.

La piedad que se contenta

1 Timoteo 6, 6–12

Y ciertamente es un gran negocio la piedad, con tal de que se contente con lo que tiene. Porque nosotros no hemos traído nada al mundo y nada podemos llevarnos de él. Mientras tengamos comida y vestido, estemos contentos con eso. Los que quieren enriquecerse caen en la tentación, en el lazo y en muchas codicias insensatas y perniciosas que hunden a los hombres en la ruina y en la perdición. Porque la raíz de todos los males es el afán de dinero, y algunos, por dejarse llevar de él, se extraviaron en la fe y se atormentaron con muchos dolores. Tú, en cambio, hombre de Dios, huye de estas cosas; corre al alcance de la justicia, de la piedad, de la fe, de la caridad, de la paciencia en el sufrimiento, de la dulzura. Combate el buen combate de la fe, conquista la vida eterna a la que has sido llamado y de la que hiciste aquella solemne profesión delante de muchos testigos.

Preguntas para la reflexión

- ¿Distingo de inmediato lo que quiero de lo que necesito?

- ¿Me descubro deseando aquello que el dinero puede comprar —y que anuncian en los medios sin descanso—, y no tanto la amistad, una conciencia clara y la capacidad de conocer y cumplir la voluntad de Dios?

- ¿Mi familia dona y entrega a los pobres en proporción con nuestros medios?

5.
FIABLES

La cuerda de tres hilos no es fácil de romper.

[Eclesiastés 4, 12]

CUANDO PENSAMOS EN QUIÉN sería un buen amigo, puede que imaginemos, en primer lugar, a alguien divertido, interesante y comprensivo, que nos haga sentir cómodos. O tal vez nos venga a la mente una persona que nos beneficie, generoso, disponible y amable. El buen carácter, la generosidad, la ayuda son cualidades deseables, pero todos conocemos a personas que las tienen, y no por ello son amigos nuestros. Es posible ser divertido pero de una forma insensible, o amable pero no estar dispuesto a cargar con el peso ajeno o a sacrificarse. Una persona interesante igual no se interesa por nosotros. El amigo de verdad no solo goza de cualidades que lo hacen atractivo socialmente, sino que es alguien en quien confiamos, que nos entiende y cuyo esfuerzo por ayudarnos es fiable.

Si has sido bendecido con esta clase de amigos ya habrás experimentado la alegría de la amistad, pero son infrecuentes. Este capítulo no trata sobre dónde encontrarlos, porque suelen aparecer en nuestras vidas como un don de la Divina Providencia, sino el modo de ser nosotros esas personas.

Las relaciones sanas son esenciales para la paz mental, y una red social estable de apoyo facilita la navegación por los desafíos cotidianos. Una vida plena se alcanza, en parte, gracias al respaldo material y emocional de amigos, familia, compañeros y vecinos, y la calidad de esas amistades dependerá, en algunos aspectos, de tu potencial para la amistad y de lo merecedor que seas de esta.

En general, todas las virtudes son relevantes para la amistad porque la fomentan. Aristóteles, primer autor en tratar el tema por extenso, afirmó que solo los virtuosos pueden ser amigos de verdad. Pensemos en cómo los siete pecados capitales —soberbia, envidia, lujuria, codicia, gula, ira y pereza— perjudican la capacidad del alma para la armonía social, causando desórdenes que impiden las relaciones rectas. Por eso es habitual describir el paraíso como una comunidad en la que las almas están enlazadas por la virtud, mientras el dolor que se sufre en el infierno se debe, en un grado no menor, a la ruptura social y la falta de amigos.

En el *Infierno* de Dante, los niveles inferiores de castigo se reservan a los que han causado daños a la comunidad por el fraude y las traiciones, que incluyen la mentira, la adulación, la deslealtad, el latrocinio y la corrupción política. Para el florentino, lo que más perjudica al orden social es la falta de integridad, y las falsedades, engaños y mentiras de los grandes pecadores les llevan a ser devorados por el Padre de la Mentira, en una perversa comunión destructora. En contraste, ya sabemos que no hay amor más grande que dar la vida por los demás (Juan 15, 13), y en eso consiste ser fiable hasta la muerte. «Hay amigos que causan la ruina, y hay quien ama con más apego que un hermano» (Prov 18, 24). Entre los rasgos de la amistad o la sociabilidad nos centraremos aquí en la fiabilidad.

Que vuestro sí sea sí y vuestro no, no. Confía en mí. Puedes contar conmigo. Tienes mi confianza. Estaré contigo. El lenguaje de la amistad es el de la confianza que anima. En el caso más extremo, el amigo sería quien sacrificaría todo, incluyendo su vida, por ti. Pese a que en la sociedad no abundan estas pruebas de amistad, tampoco es posible construir una comunidad sin los lazos más básicos de confianza, constancia e integridad, y no solo porque cualquier acción necesite de un cierto grado de predictibilidad, sino porque para conectar con los demás, en el fondo, hace falta compartir ideas, convicciones y objetivos. Este tipo de comunión nos expone a la vulnerabilidad y, por lo tanto, las comunidades solo pueden surgir en un contexto de honestidad y confianza, sin amenazas de abandono o traición.

Entre amigos, y en comunidad, la actividad básica es la conversación, que solo es posible cuando hay relaciones saludables, que a su vez se construyen y fortalecen mediante conversaciones genuinas. El diálogo sincero implica una apuesta compartida por un fin común e, incluso aunque no se busque una misma verdad última, al menos tendrá que darse una comprensión compartida en determinados asuntos. Si no se confía en que los demás comparten un fin común es imposible la comunicación verdadera, y el intercambio de expresiones verbales no será más que una manipulación para ejercer el poder. Una de las facetas más insidiosas del relativismo es que nos hace sentir atrapados en un mundo cuyas interacciones solo buscan manipular y explotar: si no hay verdad, entonces no puede confiarse en que nadie cuide de nosotros, de nuestras inquietudes o convicciones, si no es para aprovecharse con un beneficio personal.

Además del diálogo existen muchos otros modos de comunión, de conexión social o de intimidad: compartir los dones, expresar el cariño con palabras, servir a otros, pero también una conversación, aunque sea no verbal, en el idioma del amor. La oración, también la silenciosa, sigue siendo una conversación con Dios, y la fortaleza de la extraordinaria teología del cuerpo de Juan Pablo II no es más que un recordatorio de que la intimidad conyugal es una forma de comunión santa, que expresa una verdad espiritual profunda, con una gramática y una sintaxis físicas propias.

Dado que el diálogo es esencial para la amistad, un requerimiento imprescindible será la fidelidad a la palabra dada. Decir lo que sentimos y sentir lo que decimos, algo que comienza por la honestidad con uno mismo, con la conciencia de nuestras debilidades y fortalezas, y con una visión nítida de nuestra historia, sobre todo de sus aspectos más oscuros, pero también de los éxitos. Un examen de conciencia saludable y una buena confesión son ejercicios de honestidad que aumentarán la capacidad de ser honestos, con los demás y por ellos.

Un buen conversador no es el que está dispuesto a hablar sin límites o a contar toda la verdad, como si la honestidad en el diálogo consistiese en recitar una enciclopedia. La conversación virtuosa supone decir la verdad, con buenas formas y en el momento oportuno, y atender a sus dos extremos: hablar, pero también escuchar.

La paciencia y la empatía son fundamentales, y hemos de sufrir con el otro, tratando de entender su punto de vista, distinto del nuestro, con la humildad y vulnerabilidad que supone ser corregidos o confrontados. Por encima de todo, la conversación es laboriosa, porque exige un esfuerzo enorme, ya que las más importantes no se planifican, ni en su extensión ni en su alcance, y se producen de forma natural. Hay que filtrar las distracciones, sean del entorno o del propio diálogo, dejando a un lado los asuntos tangenciales o los desacuerdos irrelevantes para el tema central que se esté abordando.

De nuevo, el elemento clave para el diálogo es el compromiso de dialogar, lo que requiere buscar un entendimiento con el otro y mostrar fortaleza de carácter, de forma que ese deseo se mantenga en el tiempo.

Los habitantes del mundo moderno reciben un bombardeo de mensajes perpetuo, con el que la publicidad y los medios de comunicación tratan de absorber toda nuestra atención. Para sobrevivir, hemos aprendido a filtrar, descartar, ignorar o deconstruir esas llamadas, estrategia lógica en la época de la información, pero que puede llevarnos al cinismo y a la falta de apertura ante la verdadera comunicación. Las poderosas tecnologías de la información son, irónicamente, otra amenaza para el diálogo, porque los dispositivos digitales nos hacen pensar que el objetivo de la comunicación es transmitir datos, y no profundizar en las relaciones.

El atractivo de la mensajería instantánea consiste en que ofrece una sensación de control. Expresamos de inmediato lo que queremos sin pasar por el esfuerzo emocional de las conversaciones sinceras. Un mensaje exige menos energía que una llamada: saludar, disculparse tal vez por la interrupción, un poco de charla, recordar otra conversación anterior, atender al tono de voz del interlocutor para valorar su estado de ánimo y su predisposición hacia el tema que vamos a tratar… y todo esto antes de que haya comenzado el diálogo de verdad. Esta atención esforzada, esta concentración que exige implicarse emocionalmente, puede evitarse con un simple correo o un mensaje. Aunque para algunos no es una carga muy pesada, también hay que socializarse en estos hábitos, como demuestra la aversión a las llamadas de los adolescentes.

El intercambio simple de información puede servir en algunos momentos y lugares, y tal vez no sea necesario telefonear a un amigo para decirle que llegaremos diez minutos tarde si basta con un mensaje. En otras circunstancias, una conversación por el móvil resultará más adecuada y, en caso de que siempre envíes mensajes, deberías preguntarte por la calidad de tus relaciones, y por tu inclinación a invertir en ellas.

Desde hace un tiempo, los padres, y también los que contratan a jóvenes, han detectado un declive en la comunicación básica. No es un fracaso tecnológico: es una falta de la socialización. Hay que educar a las nuevas generaciones en el uso prudente de la tecnología, que incluye cuándo *no* usarla. Parece cada vez más claro que la tecnología moderna está creando unos hábitos de conversación, y de ideas sobre la conversación, que limitan la capacidad de dialogar con responsabilidad.

En capítulos anteriores se ha hablado del orden básico del alma según los apetitos y los deseos. La templanza, la fortaleza y la liberalidad son virtudes esenciales que dan estabilidad al alma y nos preparan para la paz, pero no basta con ser individuos que manejen de forma adecuada deseos y talentos. Somos animales sociales que solo se realizan plenamente a través de las relaciones con otros y con Dios. El rasgo primordial de la sociabilidad —la capacidad de entablar amistades— consiste en ser fiables y en estar disponibles para los demás, dándoles confianza, lo que incluye también al Señor, que se nos ofrece Él mismo.

El gozo de la amistad

San Agustín

Conversar, reír, servirnos mutuamente con agrado, leer en común libros amenos, bromear unos con otros y divertirnos en compañía; discutir a veces, pero sin animadversión, como cuando uno disiente de sí mismo, y con tales disensiones esporádicas condimentar las muchas conformidades; enseñarnos mutuamente alguna cosa, suspirar por los ausentes con pena y acoger con alegría a los que llegaban. Con estos signos y otros semejantes, que proceden del corazón de los amantes y amados, y que se manifiestan con la boca, la lengua, los ojos y mil otros movimientos gratísimos, se derretían, como con otros tantos incentivos, nuestras almas y de muchas se hacía una sola[1].

Preguntas para la reflexión

- ¿Atiendo debidamente a quienes me rodean, y con un esfuerzo especial a quienes más me necesitan?

- ¿Recurro al intercambio fácil de información cuando sería mejor una conversación real, por teléfono o cara a cara?

- ¿Aplico con constancia los elementos básicos de la sociabilidad —sinceridad, amistad, atención personal— que tanto valoro en otros?

---

[1] *Las confesiones*, IV.8.

6.
NOBLES

Tened sal en vosotros y tened paz unos con otros.

[Marcos 9, 50]

LAS INSTITUCIONES IMPORTANTES y los poderosos suelen mostrar su significancia con ostentación: arquitectura monumental, grandes gestos, ceremonias elaboradas. Una aspiración natural y buena, ya que, como seres humanos, dotamos de orden a la búsqueda de fines elevados, y los encarnamos en el ornamento, la conducta, la vestimenta, la arquitectura, incluso en la dicción y el porte. Pensemos en la pervivencia que sugieren los arcos góticos o las columnas griegas, en el honor que implica un ritual sofisticado, sea una ceremonia política o una boda, o en la solemnidad de la postura corporal y el discurso en un tribunal o un entierro.

Si a veces vemos con cinismo la pompa y circunstancia, si se nos antojan pretenciosas, es porque pueden revelarse vacías o poco auténticas, cuando las personas e instituciones no alcanzan los altos ideales que exhiben. El lema en latín inscrito en la fachada de la universidad no se corresponde con sus actos, el político no acepta la responsabilidad solemne ante Dios, y el abogado elocuente es zalamero y manipulador. La puesta en escena es postureo.

Son excepciones que confirman la importancia de que los ideales se orienten con sinceridad, y hasta en los ambientes más seculares se buscan las ocasiones de exhibir honor y grandeza, con un instinto sano, esencial para la vida humana. Si no nos dijésemos a nosotros mismos que la vida se ordena hacia un objetivo mayor, ¿cómo le daríamos sentido a todo?

Nuestras vidas han de ordenarse hacia el bien, una observación tan trillada que puede sonar falsa. En el lenguaje corriente, comparamos lo bueno con lo mejor y, en la vida cotidiana, a veces nos decimos que somos buenos, en esencia, porque no hacemos nada malo. Pero, ¿en qué medida enfocamos nuestras vidas hacia el bien? Lo bueno debe ser exaltado porque es grande y supremo. La vida no consiste en ser meramente buenos, un ocho sobre diez: estamos llamados a salirnos del gráfico, a destacar, a la excelencia. A la nobleza.

Experimentar, por ejemplo, que nuestro trabajo forma parte de algo mayor es una buena forma de profundizar en la nobleza. Sea en casa o en una empresa moderna, vemos que tiene sentido porque encontramos un objetivo al subordinarnos a un propósito mayor, compartido con otros. Cuando esto no ocurre nos vemos aislados, como un engranaje reemplazable, sin confianza ni respeto, y tenemos la sensación de que, en lugar de ser vistos como miembros valiosos de la comunidad, nuestras familias no cuentan con nosotros, nuestros compañeros nos exprimen o la burocracia inhumana nos ignora.

Ocurre hasta en el trabajo mecánico, donde las innovaciones en la cadena de montaje fueron un avance notable en la industria, y a la vez provocaron una deshumanización alienante. La cadena de producción de un elemento complejo se ha simplificado pero, cuanto más sofisticado es el producto, más le cuesta al trabajador entender que su aportación discreta forma parte de un todo importante. Una tarea así, sobre todo cuando se cuantifica y premia según la frecuencia de una acción simple y repetitiva, no resulta gratificante, porque no se vive como parte de un proyecto común.

Durante las últimas décadas algunos de los progresos más importantes en la producción industrial se han dirigido a recuperar el sentimiento de participación de los obreros industriales, asignándoles tareas en equipo y más amplias. Así, cada miembro comprende mejor cómo su intervención individual sirve a un proyecto más grande, y valora la colaboración necesaria para completar el encargo, con un planteamiento que ennoblece el trabajo. No es de extrañar que los expertos en organización consideren que este enfoque incrementa la satisfacción de los empleados, y también la calidad y la productividad.

Si un gerente da valor a los fines compartidos en una manufactura, también nosotros seremos capaces de dárselo en una vida bien vivida. Una vida noble se gasta por un gran fin, por un propósito común, que no pertenece a un individuo aislado sino a muchos. Aunque a veces el concepto de bien común se malinterpreta, su significado exacto es este. En una cultura subjetivista, en la que cuesta mantener una concepción común del significado de la vida, la idea del bien común no tarda en degenerar en los bienes comunes, esto es, en los recursos que se dividen entre las personas a partes iguales. El verdadero bien común, no obstante, supone la participación en un objetivo amplio, donde los que intervienen cumplen funciones distintas y lo alcanzan juntos; ocurre así, por ejemplo, con los diversos papeles que se desempeñan dentro de una familia, una organización empresarial o una comunidad política.

Tomemos un ejemplo mundano, más comprensible que la sociedad en su conjunto: el jardín botánico de Missouri. Esta institución cumple distintos objetivos, que pueden ordenarse de forma aproximada. Dispone de tiendas, restaurantes, una imprenta y usuarios, así que debe cumplir, en primer lugar, su función como negocio, con una rentabilidad que le permita sostenerse. Además, como en cualquier corporación, el clima laboral debe ser sano para que los empleados puedan desarrollar sus habilidades, pero estas funciones cotidianas tienen su razón de ser en un fin más elevado, que es educativo y científico. Los ciudadanos de San Luis presumen, con razón, de la fama de sus naturalistas, pero cabe pensar que también consideren que el jardín cumple otra misión, como zona de descanso en medio de la belleza e inteligibilidad de un espacio natural.

Cuando analizamos estos bienes vemos que unos pueden ser más compartidos que otros. Las operaciones cotidianas del jardín botánico estructuran el trabajo de los empleados, pero ese bien se extiende a los que participan de él, que en este caso serían los visitantes y los trabajadores que obtienen ingresos de sus compras. La función del jardín, sin embargo, se cumple mejor con respecto a los bienes más elevados, aquellos que tienen una capacidad mayor de ser compartidos: el conocimiento que propagan los naturalistas y el descanso mental del que disfrutan los visitantes al contemplar las plantas en una disposición exquisita. El primero es totalmente comunicable, y la universalidad de la misión del jardín —«descubrir y compartir conocimientos sobre las plantas y su entorno para preservar y enriquecer la vida»— asume que la verdad puede comunicarse. No se limita a la plantilla y los usuarios del jardín, sino que se extiende a todo el mundo. En cierto sentido, el fin supremo del jardín es la verdad sobre las plantas, sin que eso agote su misión.

Aunque la capacidad de acoger visitantes es limitada, la normativa del jardín y sus costumbres demuestran que trata de ofrecer una experiencia igual de edificante para tantos usuarios como pueda admitir, y este rasgo igualitario nos pone en la pista de la virtud de la justicia. Santo Tomás de Aquino dijo que «amar de verdad una ciudad» significa «amar su bien, de forma que esta sea preservada y defendida» para que pueda pervivir en el tiempo y acoger a nuevas generaciones de ciudadanos[1]. En el funcionamiento regular del jardín botánico de Missouri santo Tomás reconocería el fruto de un amor

---

[1] Santo Tomás de Aquino, *Disputed Question on Charity*, citado en Charles de Koninck, *The Primacy of the Common Good against the Personalists*, en *The Writings of Charles de Koninck*, vol. 2, ed. y trad. Ralph McInerny (Notre Dame, IN: University of Notre Dame Press, 2009), 79.

análogo a ese, donde no hay lugar para el individualismo desordenado. Ni empleados ni visitantes pueden situarse por encima del bien común al que sirve el jardín. Si un naturalista mintiese en sus investigaciones, o un empleado echase a perder una rara orquídea, se excluiría a ambos del privilegio de pertenecer a la institución, y se considerarían esas acciones como una amenaza contra la integridad de los fines últimos de la institución. En la comunidad de este espacio de Missouri descubrimos que la justicia debe entenderse según el bien común de su jardín botánico.

¿Puede extenderse este análisis a toda la sociedad? Las dificultades son evidentes, porque un jardín botánico es una institución voluntaria, y no es de extrañar que la pertenencia conlleve deberes y un código de conducta. En la sociedad política no puede despojarse a los ciudadanos de su membresía con tanta facilidad, y protestamos —con razón— cuando se atenta contra nuestra libertad. En este sentido, hay quien sostiene que la justicia solo tiene que ver con el respeto a los derechos ajenos, y no con la disposición de buscar juntos un bien común. Pero la concepción moderna de los derechos no tiene la última palabra, y es preciso incidir en el desarrollo o la «felicidad común» de la sociedad. Igual que el jardín botánico de Missouri ha evolucionado como un proyecto social complejo, el bien social apuntará hacia la propagación de un orden pacífico y justo, un esfuerzo conjunto que fomenta y respalda en los ciudadanos las virtudes morales. La justicia como virtud social extensa implica que todos los miembros de una comunidad se ennoblezcan participando en el bien común.

Según esta visión, podemos corregir algunos errores habituales sobre la noción de justicia social. En contextos seculares, esta expresión se aplica solo a la distribución de los recursos: la justicia es *el reparto de distintos bienes entre los individuos*, lo que en filosofía se llama justicia distributiva, idea que, al ser compatible con el marxismo y otras ideologías seculares, ha sido secuestrada por ellas.

En un contexto clásico y cristiano, la justicia social supone algo más elevado: el orden de una sociedad para su desarrollo recto. La justicia social, en puridad, es la participación plena de multitud de individuos en la realización de un fin compartido, lo que Aristóteles denominó justicia legal o general, y que implica la ordenación hacia un objetivo común. El ciudadano que participa de un propósito noble y común se ennoblece y, en este sentido, la justicia comprende a las demás virtudes. Cada parte cumple su función y contribuye al conjunto.

El reto de la vida cristiana consiste en descubrir la nobleza hasta en lo más pequeño; no precisamos de trompetas resonantes, alfombras rojas bajo los pies ni laureles en la cabeza que nos recuerden nuestra dignidad o el alto fin al que hemos sido llamados. De hecho, los oropeles de la nobleza podrían distraernos y desviarnos, haciéndonos olvidar el origen real de la dignidad, y la verdadera nobleza de las acciones que contribuyen a una meta más elevada. Una vida ejemplar no se alcanza con ceremonias interminables y grandiosas, sino con una fijación constante por la virtud, también en lo pequeño, de tal forma que también los de extracción más baja puedan vivir una vida noble.

Como ya se ha visto, para comportarse con nobleza hace falta entender que las acciones se encaminan a un fin más alto, o bien común, que en el fondo no es otro que el bien común, al que podemos llamar, directamente, *voluntad de Dios*. Que estemos llamados en todo momento a servir a la voluntad de Dios es tranquilizador en su sencillez, pero imponente en su dificultad. ¿Por qué es difícil? En parte, desde luego, porque Dios es un soberano magnífico y misterioso, y debemos ser prudentes cuando afirmamos conocer su voluntad. La confianza en que ha dispuesto un designio para nosotros se equilibra con la humildad de desentrañarlo con cautela. Puede ayudarnos recordar que el dictado de su voluntad para nosotros es inseparable del de la familia humana al completo. Lo que nos exige forma parte de aquello a lo que invita a todos los seres humanos, nuestros amigos, familiares y vecinos, pero también los extranjeros y desconocidos, que participan de sus planes para la humanidad.

Pese a esta apuesta moral básica, hay aspectos del mundo que debilitan la certeza de la voluntad de Dios para nosotros, o del propósito común para la humanidad. Lejos de fomentar una visión unificada de la realidad, en la que los bienes se ordenan hacia un bien mayor, la cultura moderna alienta la fragmentación, la desintegración y la compartimentación, y nos presenta bienes en disputa que nos arrastrarían hacia abajo. Multiplica las distracciones para que busquemos la gratificación inmediata, en lugar de orientarnos hacia metas a largo plazo, y nos tienta con ideologías y corrientes filosóficas distorsionadas, que niegan u opacan la idea de un propósito noble, de los bienes compartidos, de la vida divina. De infinitas maneras, explícitas e implícitas, en la teoría y en la práctica, el mundo moderno pone en duda la idea de un fin noble.

El antídoto es tener siempre presente la voluntad de Dios. Al ofrecer nuestro trabajo como un servicio al Señor, y mediante la oración diaria que nos recuerda que debemos orientarlo hacia Él, ayudaremos a los demás, y a nosotros mismos, a no perder de vista el fin mayor, a ennoblecer nuestras acciones y a traer orden, armonía y plenitud a nuestras vidas, y a la sociedad en general. Si buscamos los actos grandiosos, comencemos por el orden interior, en la cabeza y el corazón, centrados en Dios. La oración es la clave de la justicia y la nobleza.

Nacidos para la Gloria

Santa Teresa de Lisieux

Al leer los relatos de las hazañas patrióticas de las heroínas francesas, y en especial las de la venerable Juana de Arco, me venían grandes deseos de imitarlas. Me parecía sentir en mi interior el mismo ardor que las había animado a ellas y la misma inspiración celestial. Por entonces recibí una gracia que siempre he considerado como una de las más grandes de mi vida, ya que en esa edad no recibía las luces de que ahora me veo inundada. Pensé que había nacido para la gloria, y, buscando la forma de alcanzarla, Dios me inspiró los sentimientos que acabo de escribir. Me hizo también comprender que mi gloria no brillaría ante los ojos de los mortales, sino que consistiría en ¡llegar a ser una gran santa...!

Este deseo podría parecer temerario, si se tiene en cuenta lo débil e imperfecta que yo era, y que aún soy después de siete años vividos en religión. No obstante, sigo teniendo la misma confianza audaz de llegar a ser una gran santa, pues no me apoyo en mis méritos —que no tengo ninguno—, sino en Aquel que es la Virtud y la Santidad mismas. Sólo él, contentándose con mis débiles esfuerzos, me elevará hasta él y, cubriéndome con sus méritos infinitos, me hará santa. Yo no pensaba entonces que para llegar a la santidad había que sufrir mucho. Dios no tardó en mostrármelo, enviándome las pruebas que he contado antes...[2].

---

[2] Santa Teresa de Lisieux, *Historia de un alma*, San Pablo, 2007.

Preguntas para la reflexión

- ¿Soy consciente de que las distintas esferas de mi vida se organizan y ordenan hacia un fin más alto?

- ¿Desdeño las tareas cotidianas o las redimo, teniendo presente el objetivo mayor al que sirven?

- ¿Pido en la oración que se me recuerden mis responsabilidades hacia los demás, y la coherencia de mis proyectos con la voluntad de Dios?

PARTE II
SENTIR BIEN

7.
RESISTENTES

¡Confirma tú la acción de nuestras manos!

[Salmos 90, 17]

LA INMENSA VERDAD DE que cuerpo y alma son uno ha sido confirmada a través de los siglos, de forma más reciente en el punto 365 del *Catecismo de la Iglesia Católica* y, sin embargo, nos las arreglamos para olvidarla cuando interfiere con nuestros deseos. La primera parte de este viaje ha consistido en un recordatorio de esta certeza mediante sus consecuencias, que se cifran en que el modo de actuar con el cuerpo y dentro de él conforman profundamente el alma, por acumulación y, en algunos casos, para siempre. Hemos emprendido esta trayectoria porque queremos que nuestras almas tengan más paz, y los primeros pasos deben ordenar las acciones externas y los deseos, que se dirigen a lo que está fuera de nosotros.

Ahora es el momento de recorrer los siguientes, centrándonos ya en el alma y comenzando por sus ventanas al mundo, los sentidos, desde el más básico, tanto que también lo tienen la ostra y la lombriz: el tacto. En un ensayo escrito en 1950, el filósofo belga Charles de Koninck mostró preocupación porque «nuestra cultura parece demasiado visual»[1]. De vivir hoy, no matizaría la observación. Los medios digitales, que nos rodean y acompañan desde la mañana hasta la noche, son un fenómeno principalmente visual, por mucho que recurran al sonido. La batalla por la atención la libran imágenes en competencia, con incursiones esporádicas del sonido; en comparación, el tacto está perdido y olvidado.

El esfuerzo por recuperarlo debería formar parte de la estrategia para pactar con el nuevo entorno mediático en el que vivimos. En primer lugar, como subrayó De Koninck, el tacto es el sentido de las certezas. La duda de santo Tomás se disipó al tocar a Jesús resucitado, y san Juan dio testimonio del Señor vivo en la primera línea de su epístola por haberlo tocado. Medimos la realidad, en último extremo, tocándola, y esta intuición general aparece en el lenguaje común cuando nos referimos a la comprensión de un concepto abstracto diciendo que hemos "cogido" la idea. Por otra parte, y también es significativo, el sentido del tacto es el único que está dentro del cuerpo, como observó Aristóteles por primera vez, al pedirles a sus estudiantes que tocasen algo provistos de guantes. Si aún notaban ese objeto, eso demostraría que el órgano del tacto no era la superficie externa de la piel, sino algo presente dentro de ellos. Cuando preguntamos a alguien que cómo se siente, también afirmamos esta verdad: mediante el tacto, percibimos numerosas partes de nuestro cuerpo

---

[1] Charles de Koninck, "Sedeo ergo sum: Considerations on the Touchstone of Certitude", *Laval théologique et philosophique* 6 (1950): 343.

desde dentro. Algunas de ellas solo las sienten unos pocos, en momentos extraordinarios: por ejemplo, los que han descubierto la existencia de sus riñones al padecer un cálculo, una forma de conocimiento nada envidiable. Desde la sinusitis hasta la lumbalgia, pasando por el hormigueo en las piernas, nuestro cuerpo se hace sentir de incontables formas. Todas estas experiencias nos dicen, sin duda, que esos órganos y extremidades son *nuestro* cuerpo, compuesto por muchas partes que forman un solo ser. Pocas verdades poseen tanto potencial filosófico y son tan necesarias como antídoto para la irrealidad de los mundos virtuales, en los que vivimos cada vez más tiempo.

El tacto, además de ponernos los pies en la tierra, interviene en algunas de las expresiones más profundas de nuestra humanidad. Es el sentido de artesanos y atletas. Un talento tan simple como el de montar en bicicleta nos exige equilibrio, fuerza en brazos y piernas —con ritmo, constancia y arranques de esfuerzo— y contacto con el manillar. Otras tareas más complejas requieren que adiestremos el tacto, como el pastelero, que siente la consistencia y la humedad de la masa, o la mano firme en el timón de un marino. Para practicar algunos de los deportes más populares nos hace falta delicadeza en el tacto para asir algún objeto, como las riendas del caballo o el mango de un palo de golf o una raqueta. En el caso de las bellas artes, la intervención para aplicar el toque final a una obra es prerrogativa del maestro. Esta relación táctil y la experiencia que la acompaña, al fabricar, jugar o montar —incluso al conducir— es un aspecto profundamente personal de la vida de cada uno, y los momentos en los que empleamos así este sentido se cuentan entre los más relajantes, felices y reparadores.

Quienes han llevado hasta la excelencia un arte o un deporte poseen una finura de tacto proverbial.

Por este motivo, el sentido del tacto es la metáfora principal para entender la virtud de la prudencia, o sabiduría práctica. De un gerente decimos que está en contacto con sus empleados, y los administradores más capaces son aquellos que manejan lo que se les presente. Ejecutivos de ventas, captadores de fondos y políticos deben percibir las sensaciones de sus clientes y audiencias, y se dice que sus profesiones exigen tacto. La señal de que alguien es sabio se revela en su capacidad de emplear el toque preciso en el momento adecuado para conseguir que un esfuerzo conjunto siga en marcha. Shakespeare nos ofreció un ejemplo poético insuperable de esta habilidad en el prólogo al acto IV de *Enrique V*, cuando el rey visita a sus soldados, agotados y nerviosos, en las horas de víspera de la batalla de Agincourt, y eleva la moral decaída con «un pequeño toque de Harry en la noche».

El sentido del tacto también sirve al crecimiento en el conocimiento de la verdad y, aunque no todos acepten la pretensión de Aristóteles de que las mentes más claras son las de quienes poseen la piel más suave, sí que podemos admitir la relación entre el tacto y el lenguaje. Cualquier alumno serio sabe que este sentido —en su acepción más amplia— juega un papel clave a la hora de estudiar «clavando los codos», como se dice popularmente. Imaginamos a Aristóteles asintiendo, mientras nos recuerda que fue él quien dijo que «solo por la distensión del alma después de la inquietud que le es connatural se puede llegar a saber y conocer»[2].

---

[2] Aristóteles, *Física*, Gredos, 1995, trad. Guillermo R. de Echandía.

El famoso ornitólogo John James Audubon insistía en que, para conocer a las aves, no basta con verlas y oírlas, sino que debemos embarcar al sentido del tacto, pluma en mano. «Registra todas tus observaciones», escribió, «y con tinta, no con un lapicero, y recuerda que cuantas más particularidades anotes en el momento, más recordarás en adelante»[3]. San John Henry Newman, una de las mentes más agudas de los dos últimos siglos, señaló lo mismo con una claridad asombrosa: «Pienso mejor cuando escribo, al hablar no soy capaz de pensar así»[4]. ¿Qué relación hay entre el tacto y el entendimiento? El ejemplo de un artesano demuestra, al menos, que existe una conexión entre el cuidado que se pone al manejar una herramienta y la concentración mental en una tarea compleja. La función de la caligrafía en la educación clásica primaba la legibilidad para el lector, pero también la concentración y la postura del autor, y para los más diestros, escribir a mano es un ejercicio de meditación y relajación.

Como sugiere la belleza de una carta manuscrita bien compuesta, el tacto es esencial para la amistad, y un apretón de manos firme es la quintaesencia americana de la igualdad, la hermandad y el esfuerzo compartido. La palmada en la espalda, el brazo que rodea los hombros, el abrazo afectuoso, son los signos con los que señalamos las fiestas y reuniones, las alegrías y penas diarias. El tacto es, por descontado, el sentido que interviene en la intimidad del amor conyugal, una de

---

[3] John James Audubon, *Ornithological Biography* [1839] en *The Audubon Reader*, ed. Richard Rhodes (Nueva York: Knopf, 2006), 608–609.
[4] Citado en Ian Ker, *John Henry Newman. Una biografía*, Palabra, 2010.

las bendiciones que no arrasó el Diluvio, según el *Rito del Matrimonio*.

El tacto es el sentido de la caridad y la curación. Cristo tocaba para sanar, como un médico, y los pecadores y enfermos se arremolinaban para palparlo porque su poder y bondad eran casi físicos. El carisma de la Madre Teresa era manual: levantaba, sujetaba y acariciaba a los moribundos de las calles de Calcuta, consolándolos incluso cuando no podía restablecerlos. Jesucristo nos pide que llevemos con él la cruz y que nos unzamos su yugo, como han hecho durante siglos sus seguidores por sus hermanos y hermanas. Los hurones llamaron a su querido misionero, san Jean de Brébeuf, Echelon, que significa «el que lleva una gran carga», por su disposición para acarrear pesos sobre sus hombros fornidos. Gracias al tacto, el amor de una madre resulta inconfundible cuando acerca a un bebé a su pecho, cuando levanta y reconforta a un niño que se ha lastimado o cuando ofrece su brazo a un familiar anciano para que camine.

El tacto es, por último, el sentido con el que sufrimos más profundamente, y las heridas violentas se sienten, como las sintió Cristo en su pasión. El dolor que provoca la violencia es el más angustioso, humillante, alienante y traumático que puede padecerse, hasta afectar y dañar toda una vida. Por suerte, casi todos los males físicos que nos afligen no son violentos: la enfermedad, los cambios estacionales, las limitaciones que conlleva el envejecimiento y las consecuencias del trabajo. Salomón observó que «un cuerpo corruptible agobia al alma» (Sab 9, 15), y lo damos por bueno según nuestra experiencia. El trabajo, sea el que sea, nos pesa de diversas maneras a través del sentido del tacto, por el daño mudo de la fatiga, el dolor crónico localizado tras años de esfuerzos repetitivos y el coste físico del sacrificio. Las reflexiones honestas sobre la condición humana han llegado siempre a la misma conclusión; que nuestro destino es doloroso, pero que el sufrimiento nos ennoblece. El poeta del siglo XIV William Langland lo plasmó en una imagen cautivadora de nuestra humanidad común, presentada como una visión: «Crucé por un campo de cuerpos en camino… de hombres de toda clase, poderosos y pobres, entre el trajín y el trabajo que trae la vida… por servir al Señor sufrían, alentados por alcanzar la alegría del Cielo»[5].

En nuestro mundo, intensamente visual, los peligros son novedosos y, si nos recluimos en las realidades virtuales que esconden las pantallas, y que solo manejamos deslizando un dedo o pulsando el ratón, corremos el riesgo de ver cómo se estrecha el horizonte de nuestros sentidos. Las espaldas se doblan, los hombros se cargan y los ceños se fruncen, pero además las manos pierden su delicadeza, los brazos su fuerza y los cuerpos la resistencia que nos hace falta para cumplir con las tareas, necesarias y nobles, que nos pone la vida. La solución no radica solo en disminuir las horas que pasamos contemplando los aparatos tecnológicos, sino en emplearlas después en mejorar el sentido del tacto.

---

[5] William Langland, *Pedro el Labriego*, Gredos, 1997.

Cargar con la cruz en el trabajo

San Juan Pablo II

El sudor y la fatiga, que el trabajo necesariamente lleva en la condición actual de la humanidad, ofrecen al cristiano y a cada hombre, que ha sido llamado a seguir a Cristo, la posibilidad de participar en el amor a la obra que Cristo ha venido a realizar. Esta obra de salvación se ha realizado a través del sufrimiento y de la muerte de cruz. Soportando la fatiga del trabajo en unión con Cristo crucificado por nosotros, el hombre colabora en cierto modo con el Hijo de Dios en la redención de la humanidad. Se muestra verdadero discípulo de Jesús llevando a su vez la cruz de cada día86 en la actividad que ha sido llamado a realizar[6].

Preguntas para la reflexión

- ¿He permitido que se desbaratase mi talento artístico o deportivo desde la infancia? ¿Podría recuperarlo con una alegría saludable e inocente?

- ¿Me esfuerzo lo suficiente en el desempeño de mis deberes cotidianos?

- ¿Cargo con la cruz de mis sufrimientos físicos con paciencia? ¿Estoy ayudando a alguien más a hacer lo mismo?

---

[6] San Juan Pablo II, *Laborem Exercens*, 14 de septiembre de 1981, 27.

8.
ATENTOS

La palabra de Cristo habite en vosotros
con toda su riqueza.

[Colosenses 3, 16]

AL PARECER, CASI TODO el mundo preferiría ser sordo que ciego. La vista nos permite movernos y satisfacer las necesidades, y sabemos por instinto que, sin ella, dependeríamos de la caridad ajena. La oscuridad es una amenaza mayor que el silencio, y es evidente que los ojos son más frágiles que los oídos y deben protegerse mejor. Sin embargo, si nos paramos a considerarlo, valoraremos más la audición. Las madres lo saben bien, porque se pasan años escuchando lo que hacen sus hijos: cómo respiran mientras duermen, sus juegos, y sus gritos de ayuda y de atención. Algunas de las comodidades domésticas también tienen que ver con el oído, porque el hogar lo forman las personas (y animales) que viven en él, y cuya presencia advertimos por los sonidos que producen, aunque no los veamos. Es innegable que ver a alguien querido nos alegra, y cabe reparar en que el tono de voz de un familiar o amigo destaca incluso en una estancia abarrotada y ruidosa. «La fe viene de la predicación» (Rom 10, 17), por el anuncio del Evangelio, pero también en el silencio y la quietud de nuestros corazones, en los que la Palabra de Dios entra y habita.

Antes de continuar con este estudio de los sentidos y de su contribución, positiva o negativa, a nuestra paz mental, debemos reconocer que, por sí mismos, no suelen desencadenar las batallas internas de calado: las verdaderas se producen a un nivel más profundo, y esta afirmación es cierta, sobre todo, en lo que respecta al oído. Desde luego, los hay duros de oído o casi sordos, pero lo más habitual es que seamos nosotros los que tengamos que discernir quién, en nuestro entorno, precisa de una conversación más lenta, más audible y más específica para entendernos. Por el contrario, en seguida descubrimos a quien, sencillamente, no nos hace ningún caso. Los guías espirituales llevan siglos detallando nuestra tendencia a ignorar a los demás, e incluso a Dios. San Benito, uno de los más excelsos, consideró tan crucial la atención que la primera palabra de su *Regla* es esta advertencia: «Escucha». Esta admonición no se dirigía tanto a los oídos como a la mente de sus hijos. Al fin y al cabo, las orejas no tienen párpados y, mientras estemos despiertos, oímos. La cuestión es si escuchamos.

Como pone de manifiesto la diferencia entre oír y escuchar, este sentido está muy relacionado con la experiencia humana. Las emociones nos llegan, con sutileza pero a la fuerza, a través del sonido, como atestigua la capacidad de la música para influir en el alma. Incluso el cine, un soporte visual, depende en gran medida del sonido, y su edición y banda sonora pueden hacer que una película triunfe o fracase. El ojo capta una escena

90

amplia de un vistazo, pero hace falta paciencia para desentrañar por completo una canción o un discurso. Por último, la atención al lenguaje consiste en mucho más que en recibir el estímulo de un signo, ya que implica potencias tan complejas como la sensibilidad emocional, la anticipación y la interpretación.

Hoy se sabe que la falta de atención no siempre se debe a la voluntad, y neurocientíficos y psiquiatras han descubierto que el trastorno por déficit de atención (TDA) responde a un defecto del cerebro o, por emplear una expresión antigua, de las potencias sensitivas internas. Las funciones que ejerce nuestro maravilloso cerebro recibieron por primera vez una atención pormenorizada en *Acerca del alma*, de Aristóteles, y casi dos mil años después, santo Tomás de Aquino dedicó un esfuerzo notable a comprenderlas. En este capítulo y en los cuatro posteriores seguiremos las pautas del de Aquino, y analizaremos el funcionamiento de los cuatro sentidos interiores. Mediante el uso de escáneres cerebrales ya es posible correlacionar su actividad con las conexiones neuronales pero, como ocurría con los sentidos externos, los internos solo pueden comprenderse correctamente si se establece una relación con los aspectos del mundo que registran, esto es, con las cualidades sensibles de lo material.

Aristóteles y santo Tomás nombraron por primera vez a estos sentidos interiores con un término que puede resultar confuso: sentido común. Lo que trataban de señalar no tiene nada que ver con el buen juicio pero, a falta de alternativa, continuaremos llamándolos así, siguiendo la explicación de Aristóteles de que las impresiones que recogen los cinco sentidos se unen en una interior —de ahí el nombre de «común»—, aunque puedan distinguirse entre sí. ¿Cómo sabemos que poseemos esta capacidad a la que llamamos «sentido común»? Porque distinguimos los colores, los sabores, los sonidos y demás cualidades a través de los sentidos. No nos hacen falta un libro o una serie de instrucciones para saber que el color blanco que vemos es algo diferente del sabor dulce que probamos, y eso antes incluso de poder expresarlo con palabras. El sentido común también es la cualidad de la atención sensorial, y actúa como una especie de policía para los cinco sentidos externos, permitiendo el paso a algunas sensaciones e impidiéndoselo a otras. El mal funcionamiento de esta capacidad de distinguir y clasificar es lo que sufren las personas con trastorno por déficit de atención. Cuando nos falta destreza para filtrar los datos que nos suministran los sentidos externos, no controlamos lo que nos rodea y nos sentimos sobrepasados o, quizá, ansiosos. Si has recorrido una estación de tren en hora punta o un centro comercial la mañana de un sábado puedes hacerte cargo de la desorientación que resulta de la incapacidad del sentido común para cumplir plenamente con su función.

Hoy en día no es infrecuente escuchar a alguien decir que «todos padecemos TDA» mientras mira con resignación su teléfono. En primer lugar, habría que señalar que estos comentarios no serían tan habituales si todos fuésemos conscientes de las dificultades a las que se enfrentan los que, de verdad, tienen un TDA. En segundo lugar, y como consecuencia de lo anterior, si esa afirmación es cierta, aunque sea en parte, y si estamos asistiendo a una metamorfosis en nuestras capacidades sensoriales derivadas de los hábitos de uso de la tecnología digital, entonces resulta imperativo reflexionar sobre qué nos estamos jugando.

Las deficiencias y disfuncionalidades de los órganos sensitivos externos están provocadas por un accidente, de nacimiento o por la edad, y lo mismo ocurre con el cerebro y, por tanto, con los sentidos internos. Pero también pueden fortalecerse con un uso adecuado, y debilitarse por aplicarlos mal o no hacerlo. El aluvión reciente de libros sobre la plasticidad del cerebro y la importancia de entrenarlo es como un coro que confirma las observaciones que hicieron Aristóteles y santo Tomás.[1] Las potencias internas son las puertas por las que entran en nuestras almas los objetos del mundo exterior y se convierten en el destino de nuestros pensamientos y actos, de tal forma que su buen o mal estado tendrá un valor incalculable para el bienestar interior.

Una de las reflexiones más deslumbrantes sobre la salud de las potencias internas aparece en el libro décimo de las *Confesiones* de san Agustín. Ahí, el obispo de Hipona juzga cada uno de los sentidos exteriores según su hábito de atenderlos o no, esto es, de acuerdo con la intuición de si esos sentidos responden a las órdenes de una potencia interna para actuar como un siervo, bueno o malo, de la mente y el corazón. En una confesión desgarradora a Dios, cuenta sus pugnas pasadas con el hábito de la escucha: «Más tenazmente me enredaron y subyugaron los deleites del oído [que los del olfato]; pero me desataste y liberaste»[2]. Escoge

---

[1] Véase, por ejemplo, Aristóteles, *Ética a Nicómaco*, VII.3, y santo Tomás, *Summa Theologiae*, I–II, q. 53, art. 3.

[2] San Agustín, *Confesiones*, X.33.

el lenguaje de la esclavitud, la cautividad, la emancipación y la redención, y se entiende por qué. Son muchos los que escuchan música grabada durante horas, y casi siempre con auriculares, para asegurarse de que oirán eso y nada más. Ninguno de estos oyentes habituales describirían sus hábitos en términos de esclavitud, pero para saber hasta qué punto está arraigada una costumbre, convirtiéndose incluso en una adicción, basta con analizar qué ocurre cuando nos privamos de él por un tiempo. Pese a que la dependencia de la música no se catalogue como adicción, puede asumirse al menos que la escucha se ha vuelto habitual en el peor sentido de la palabra, esto es, como algo a lo que solo ocasionalmente se presta una atención concentrada y deliberada.

Se ha convertido en un cliché afirmar que, en la cultura de la conexión digital perpetua, distinta de la precedente, cuesta cada vez más determinar a qué prestamos atención, en nosotros y en las personas que nos rodean. Según las investigaciones de la neurociencia, la sociología, el análisis de medios o la teoría política, este fenómeno se manifiesta, en la práctica, invadiéndolo todo: la pedagogía de la educación primaria, la socialización de los adolescentes, la psicología de los universitarios, las dinámicas comunicativas de los matrimonios, la etiqueta en las reuniones de negocios. Para bien o para mal, participamos de un experimento social enorme, cuyos primeros resultados no son prometedores.

Para navegar en la nueva época digital necesitamos, ante todo, incorporar periodos de silencio, en los que podamos valorar de nuevo la escucha y atender con más intensidad a lo que oímos y a las personas con las que compartimos la vida.

Si cultivamos el hábito de atender a lo que oímos, ganaremos mucho. En la Escritura descubrimos que «el corazón del prudente medita los enigmas, y un oído que le escuche es el anhelo del sabio» (Eclo 3, 29). Gracias a un consejo o una palabra de ánimo afinamos el juicio, y la mente recupera su equilibrio para avanzar hacia la sabiduría. Los Evangelios abundan en ejemplos de este silencio fructífero, como el que el arcángel Gabriel impuso a Zacarías como medicina para su incredulidad. «Mira, te vas a quedar mudo y no podrás hablar hasta el día en que sucedan estas cosas, porque no diste crédito a mis palabras, que se cumplirán a su tiempo» (Lucas 1, 20). La reflexión de Zacarías tras nueve meses de meditación puede apreciarse en el esplendor de su cántico, el *Benedictus* (Lucas 1, 68–79), que hoy se recita en toda la Iglesia como oración matutina. Nuestro Señor practicó el silencio y nos enseñó su importancia, como señala con precisión san Marcos: «Los apóstoles se reunieron con Jesús y le contaron todo lo que habían hecho y lo que habían enseñado. Él, entonces, les dice: "Venid también vosotros aparte, a un lugar solitario, para descansar un poco". Pues los que iban y venían eran muchos, y no les quedaba tiempo ni para comer» (Marcos 6, 30–31). A lo largo de los siglos, los pensadores más sabios han seguido los pasos de Cristo para descubrirnos con una sola voz que, si queremos cultivar el hábito de una escucha atenta y buena, hemos de incorporar la práctica del silencio en la rutina cotidiana. Sus beneficios serán duraderos, e incluso eternos.

En Dios sólo descansa, oh alma mía,
de él viene mi esperanza.

Salmos 62, 5

Las bondades del silencio

Benedicto XVI

El silencio es parte integrante de la comunicación y sin él no existen palabras con densidad de contenido. En el silencio escuchamos y nos conocemos mejor a nosotros mismos; nace y se profundiza el pensamiento, comprendemos con mayor claridad lo que queremos decir o lo que esperamos del otro; elegimos cómo expresarnos. Callando se permite hablar a la persona que tenemos delante, expresarse a sí misma; y a nosotros no permanecer aferrados sólo a nuestras palabras o ideas, sin una oportuna ponderación. Se abre así un espacio de escucha recíproca y se hace posible una relación humana más plena. En el silencio, por ejemplo, se acogen los momentos más auténticos de la comunicación entre los que se aman: la gestualidad, la expresión del rostro, el cuerpo como signos que manifiestan la persona. En el silencio hablan la alegría, las preocupaciones, el sufrimiento, que precisamente en él encuentran una forma de expresión particularmente intensa. Del silencio, por tanto, brota una comunicación más exigente todavía, que evoca la sensibilidad y la capacidad de escucha que a menudo desvela la medida y la naturaleza de las relaciones. Allí donde los mensajes y la información son abundantes, el silencio se hace esencial para discernir lo que es importante de lo que es inútil y superficial. Una profunda reflexión nos ayuda a descubrir la relación existente entre situaciones que a primera vista parecen desconectadas entre sí, a valorar y analizar los mensajes; esto hace que se puedan compartir opiniones sopesadas y pertinentes, originando un auténtico conocimiento compartido. Por esto, es necesario crear un ambiente propicio, casi una especie de "ecosistema" que sepa equilibrar silencio, palabra, imágenes y sonidos[3].

Preguntas para la reflexión

- ¿Estoy atrapado en los placeres del oído? ¿Me cuesta trabajar o relajarme sin música de fondo?

- ¿Me esfuerzo por atender bien a los demás? ¿Me describirían mis compañeros y amigos como alguien que sabe escuchar?

- ¿Dedico tiempo suficiente, todos los días, a la contemplación silenciosa?

---

[3] Benedicto XVI, Mensaje para la XLVI Jornada Mundial de las Comunicaciones Sociales, «Silencio y Palabra: camino de evangelización», 20 de mayo de 2012.

9.
CUIDADOSOS

Estad atentos y vigilad, porque ignoráis
cuándo será el momento.

[Marcos 13, 33]

EN EL PRINCIPIO, DIOS CREÓ la luz y, de todas las cosas inanimadas, sigue siendo la que más nos fascina. Vemos gracias a ella, y los colores nos llegan a los ojos a través de haces de luz de distinta intensidad y longitud de onda. Hay criaturas con mejor vista, igual que nosotros superamos a otras en el uso de las manos, las herramientas por excelencia con las que damos forma y perfeccionamos todo lo que nos hace falta para vivir. No obstante, los seres humanos somos, por encima de todo, animales visuales. Igual que el olfato guía a los perros, a nosotros nos guían los ojos, a veces para recrearnos con un amanecer o un anochecer de ensueño y otras para reaccionar rápidamente cuando esquivamos un accidente de tráfico. Por este dominio visual la era tecnológica resulta prometedora y amenazante al mismo tiempo. La luz de la pantalla nos absorbe, sea la de la televisión o la del móvil, y sus colores nos cautivan, pero el auténtico peligro, casi diabólico, es que nos arrastre a mundos distintos, creados por la luz y a partir de ella. Para atravesar la época digital debemos aprender a discernir la visión falsa de la auténtica.

Con el sentido de la vista hemos llegado a la encrucijada de este recorrido, y es el momento de estudiar el artefacto icónico de lo digital; el móvil. Portátil, interactivo y con posibilidades infinitas, se dice que los teléfonos inteligentes han abolido el aburrimiento, con una sentencia sobre la que deberíamos reflexionar. No significa que los móviles nos aporten una paz y un sentido de la vida profundo y con sentido, ni tampoco que nos ayuden a meditar, a contemplar o a practicar *mindfulness*. No implica que nos aporten concentración, inteligencia o alegría. No quiere decir que nos vuelvan más atentos. ¿Se habría conformado Jesús con que sus discípulos, en lugar de dormir en Getsemaní, estuviesen mirando el parpadeo de una pantalla? Solo se puede sostener que los móviles han acabado con el aburrimiento si se añade que lo hacen gracias a una emisión constante de estímulos. Son dispositivos para la distracción.

Junto a esto, también son dispositivos para la adicción, y los datos empíricos que respaldan esta idea caen en tromba, en ocasiones para afirmar lo evidente: los estudiantes obtienen peores resultados académicos, los jóvenes dedican más tiempo al teléfono que a cualquier otra actividad, e incluso que al resto de actividades en conjunto, los encuestados tienden crónicamente a infravalorar las horas de uso de este aparato y la marca líder tiene una tasa de fidelidad del 99 % en la renovación de terminales, un éxito comercial desconocido y puede que jamás soñado. Otras señales son más alarmantes: los cambios drásticos en las rutinas del sueño, la amenaza del acoso y el maltrato por internet, el incremento de la ansiedad patológica, la plaga de la pornografía, el pico de suicidios asociados con el uso de redes sociales. Estos estudios y tendencias no hacen más que confirmar lo que ya se intuía. Casi dos tercios de los adultos americanos disponen de un teléfono inteligente, y todos podríamos contar anécdotas suficientes como para persuadirnos de que debemos tomarnos en serio los titulares.

Para no engañarnos pensando que el macabro asunto de la adicción al móvil es algo pasajero debe afrontarse de cara[1], como el culmen de más de cincuenta años de dependencia, cada vez más profunda de la luz y los colores de las pantallas. Una conclusión lógica, dada nuestra psicología, y que hace ganar millones de dólares a algunos, hasta el punto de que podemos invertir en compañías que investigan y desarrollan métodos para volver más adictivas las aplicaciones. ¿Qué supone ser adicto a una distracción? Hasta el final de este libro no se verán todas las ramificaciones de este mal, pero, en resumen, significa perder la capacidad de pensar con la profundidad y extensión adecuada para nuestras necesidades interiores.

El fenómeno de la adicción nos recuerda que los hábitos no siempre son buenos. ¿Cuál es la diferencia entre la distracción y la atención responsable, entre mirar con desinterés u observar con plenitud, entre perderse

---

[1] Véase Adam Alter, *Irresistible: ¿Quién nos ha convertido en yonquis tecnológicos?* Paidós, 2018.

entre actualizaciones o encontrarse en una reflexión prolongada? Para responder a esta pregunta nos centraremos en las virtudes y los vicios de la atención. La capacidad de observar o descubrir el mundo está entre las más básicas del ser humano y, como cualquier otra, puede aplicarse mejor o peor. Ya se ha visto que la atención es una capacidad cognitiva, pero no solo intelectual, porque se ubica en el cerebro, con esa potencialidad que Aristóteles denominó sentido común. Actúa a la hora de reflexionar teóricamente y en otras facetas del obrar humano, hasta en las tareas más humildes. La atención se despierta por los objetos y se dirige a ellos, predisponiéndonos negativa o positivamente. Está muy relacionada con el deseo subjetivo por los objetos, o con su rechazo, y con la forma de aprehender su contenido.

Estas cualidades exigen una ética de la atención asentada en el hecho de que la felicidad depende de la calidad de los hábitos que adquirimos. Cuando estas costumbres nos hacen felices las llamamos virtudes, y nada mejor que la definición de Aristóteles, hecha suya por la Iglesia hace siglos, para enfocar el estudio de la atención. En primer lugar, explica lo que es una virtud en general, que es el hábito de elegir deliberadamente. Las elecciones, a su vez, tienen tres características: están en relación con nuestras condiciones, responden a una racionalidad y el hombre prudente tiene la capacidad de decidir cuáles son[2].

---

[2] Una traducción reciente de la definición de Aristóteles, fiel al original griego y muy precisa, en *Ética a Nicómaco*, II.6.1106b35–1107a1, trad. C. D. C. Reeve (Indianápolis: Hackett, 2014): «La virtud es, por

Tomamos tantas decisiones a lo largo del día que acabamos por pensar que muchas son rutinarias, como atarse los cordones o cepillarse los dientes. Sin embargo, deberíamos agradecer los largos años de buenas elecciones que nos han llevado hasta el día en el que surge como una segunda naturaleza en nosotros el responder a un saludo con una sonrisa, a un favor con un «gracias», pagar lo justo por lo que compramos o entregar una jornada de trabajo honrado a nuestro empleador. Las virtudes tienen algo en común con destrezas como montar en bici o volar una cometa, ya que nos otorgan una especie de libertad, una expansión de nuestra esfera de actividad, de confianza y de alegría. Lo que diferencia a las virtudes —a las morales, claro— de las destrezas es que no son meras disposiciones intelectuales, sino perfecciones de las apetencias. Como se ha visto en la primera parte, los deseos de una persona moderada, valiente y generosa han sido rectificados por la razón y están dispuestos a recibir instrucciones adicionales. El hábito de escoger según la razón implica que somos estables, dispuestos, eficaces y que, en el fondo, tenemos paz.

Las virtudes morales están en el punto medio porque los apetitos pueden ser demasiado fuertes, demasiado débiles, o equilibrados, y dependen de cada uno porque nuestros cuerpos y nuestras inclinaciones difieren. Para un hombre delgado de mediana edad, comerse de una sentada un chuletón de un kilo será, con seguridad, un

---

tanto, un hábito selectivo, consistente en una posición intermedia para nosotros, determinada por la razón y tal como la determinaría el hombre prudente».

signo de gula, pero, en el caso de un defensa de Primera División, no tiene por qué. Si vemos la diferencia, entenderemos también por qué se dice que las virtudes son inteligibles, ya que apuntan a unas acciones que podemos describir y comprender. Por otra parte, afectan a nuestro bien, entendido correctamente, y al bien común, y de ahí que la definición aristotélica las relacione con el juicio de un hombre prudente.

Hemos desentrañado qué es la virtud moral antes de entrar en materia por dos motivos: en primer lugar, no es frecuente oír hablar de la virtud de la atención, y eso exige que se presente después de una explicación de las virtudes más general; en segundo lugar, al menos en las circunstancias culturales de hoy, la virtud de la atención precisa de algunas de las que se han explicado en la primera parte. Sin un apetito corregido por los placeres corporales, sin un deseo hondo de alcanzar los bienes más altos pese a la amenaza del dolor, sin liberarse del apego irracional a las posesiones, sin ser dignos de la confianza de amigos y compañeros y sin los ideales de un objetivo noble ni siquiera deberíamos pretender dominar nuestros sentidos desordenados, y mucho menos ponerlos al servicio de la meta generosa y alta que constituye, en el fondo, la búsqueda de la sabiduría.

Al abordar primero las necesidades de soportar el dolor físico y del silencio como el contexto para la escucha atenta ya hemos excavado los cimientos para un ascetismo fructífero en la vida de los sentidos. Ahora es el momento de dar otro paso y optar por mejorar la atención mediante el control, o custodia, de la vista, que es una de las funciones de la atención.

Antes de comenzar hay que aclarar dos puntos. El primero consiste en reconocer que no todos los objetos a la vista merecen la pena. El segundo es convencernos de que este sentido no debe servir para el deleite sensorial, sino para mejorar como criaturas, con intelecto y voluntad, capaces de saber y de amar. Así, en lugar de permitir que las apariencias guíen y controlen el deseo de ver, ordenaremos correctamente la visión, de tal forma que los objetos se conviertan en una especie de iconos para discernir las realidades espirituales ocultas.

Veamos el ejemplo de dos santos que nos ayudarán a reflexionar. Santa Teresa de Lisieux, la Florecilla de Dios, fue una joven cuyo amor lírico e infantil por la belleza humana, natural e inocente, es bien conocido. A su avance en el camino de la conversión, sin embargo, le siguió el amor a las mortificaciones por Jesús, incluyendo las de los sentidos, como esta: «En esa época me entró un verdadero amor a los objetos más feos e incómodos. Y así, sentí una gran alegría cuando me quitaron de la celda el precioso cantarillo que tenía y me dieron en su lugar un cántaro tosco y *todo desportillado*»[3]. El segundo ejemplo es de santa Teresa de Jesús: «Acaecióme que, entrando un día en el oratorio, vi una imagen que habían traído allá a guardar, que se había buscado para cierta fiesta que se hacía en casa. Era de Cristo muy llagado y tan devota que, en mirándola, toda me turbó de verle tal, porque representaba bien lo que pasó por nosotros. Fue tanto

---

[3] Santa Teresa de Lisieux, *Historia de un alma*, 159. Subrayado en el original.

lo que sentí de lo mal que había agradecido aquellas llagas, que el corazón me parece se me partía»[4]. Son testimonios valiosos sobre la mirada atenta de dos mujeres profundamente reflexivas, que se sintieron conmovidas por dos visiones distintas, ninguna de ellas agradable. Es cierto que los momentos extraordinarios en la trayectoria interior de los grandes maestros espirituales pueden parecer lejanos, pero el principio que sustenta esos actos de ver se resume en que los objetos que merecen la mayor atención visual son aquellos que nos llevan con más fuerza a Dios. Se trata, por tanto, de ejemplos que nos animan a elevar los ojos desde lo atractivo, fascinante o nuevo, para recorrer el horizonte y descubrir a Cristo.

---

[4] Santa Teresa de Ávila, *The Book of Her Life*, en *The Collected Works of St. Teresa of Avila*, trad. Kieran Kavanaugh, O.C.D., y Otilio Rodriquez, O.C.D. (Washington, DC: ICS Publications, 1987), 100–101 [Ed. castellano: *Libro de la vida*, 2 vol. Rialp, 2014].

Mirar

En este pasaje, san John Henry Newman habla de la atención interior, análoga a la descrita en las páginas anteriores. Su análisis puede aplicarse, además, a toda la vida sensorial.

¿Conoces esa sensación de esperar a un amigo, esperar que llegue, y ver que se retrasa? ¿Sabes lo que es encontrarte en compañía de alguien desagradable y desear que pase el tiempo y suene la hora de quedar libre? ¿Sabes lo que es esa ansiedad de que ocurra algo que puede o no ocurrir, o estar en suspenso acerca de algún acontecimiento importante que hace que el corazón se te acelere cuando alguien lo nombra, esas cosas que te vienen a la cabeza nada más levantarte? ¿Sabes lo que es tener un amigo en un país extranjero, esperar noticias suyas, imaginar un día y otro lo que estará haciendo en este momento, pensar si se encuentra bien? ¿Sabes lo que es vivir pendiente de una persona cercana con tal intensidad que tus ojos siguen sus ojos, que lees en su alma, que le ves todos los cambios de cara, que te das cuenta de todos sus deseos, que sonríes cuando él sonríe y te pones triste cuando él se pone triste, y sus fracasos te abruman y sus éxitos te regocijan? Vigilar la llegada de Cristo es una disposición, un sentimiento parecido a estos, en la medida en que los sentimientos de este mundo pueden reflejar los del otro.

Vigila la venida de Cristo aquel que tiene un espíritu alerta, sensible y perceptivo; el que está despierto, avivado, listo, lleno de celo por buscar y darle gloria; el que lo busca en todo cuanto sucede, el que no se sorprendería, ni se sentiría sobrecogido o sobreexcitado si su venida ocurriera ahora mismo[5].

Preguntas para la reflexión

- ¿Me domina el hábito de comprobar compulsivamente las redes sociales, el correo y las pantallas en general?

- ¿Las pantallas me crean ansiedad, me dan dolor de cabeza o dificultan mi descanso?

- ¿Poseo el hábito positivo de contemplar, lejos de las pantallas, objetos bellos e inteligibles que me tranquilicen, fomenten mi reflexión y me permitan aprender?

[5] John Henry Newman, *Sermones parroquiales*, 8 vol. Encuentro.

10.
CREATIVOS

Si te viene un pensamiento malo, persígnate… y trata
de pensar en otra cosa. Si lo haces, ese pensamiento
te dará méritos, porque te has resistido a él.

[Santa Teresa de Jesús, Cartas II, 767]

VIVIMOS DE HISTORIAS PORQUE todos estamos viviendo una historia, y decimos que conocemos a alguien cuando nos ha contado la suya. Las reuniones con viejos amigos o con familiares lejanos son ocasiones para completar los capítulos que nos faltaban de sus vidas. Miramos con atención a nuestros mientras los vemos escribir las páginas de su historia, y nos anticipamos a su escritura sin poder evitarlo, rezando y confiando en que tenga un final feliz. En la quietud de la conciencia, en oración ante el Señor, compartimos con él nuestra biografía y se la narramos. «Una es la entrada en la vida para todos y una misma la salida» (Sab 7, 6). Nuestras vidas son intermedios que enlazan los comienzos con el final, y su extensión no puede segmentarse, porque cada una es un drama único. Son historias que solo pueden contarse en términos de tragedia o de comedia, en el sentido clásico, cuyos finales las hacen felices o infelices para siempre.

Nunca nos faltan motivos para afirmar que la vida es irreductiblemente dramática, y los sueños más desbocados de la imaginación o las fábulas de la eternidad tecnológica palidecen ante la realidad cruda, que expresó con una parquedad terminal el rey Lear de Shakespeare mientras sostenía el cuerpo de su querida hermana Cordelia: «Yo sé cuándo alguien vive y cuándo ha muerto»[1]. Puede que la huida instintiva de la muerte nos incline a contar historias, e incluso a inventar mundos donde los sapos se convierten en príncipes y las amenazas contra la felicidad se desvanecen gracias a hadas madrinas y magos. Pero también contamos historias como la del rey Lear, que nos obligan a mirar a la muerte a la cara y nos retan a aceptarla y a dar, por tanto, sentido a nuestra existencia. Las historias poseen el enorme potencial de dar forma a la mente y al carácter. Entonces, ¿de dónde surgen?

De la imaginación. Hay algo sobre las potencias interiores que sabemos todos, y es que disponemos de un almacén de sensaciones pasadas a las que recurrimos a voluntad, dándoles la forma que se nos antoje, sin las limitaciones de la naturaleza. Un perro verde. Un dinosaurio púrpura. El campo de batalla ensangrentado de Agincourt. Frodo y Sam en las laderas del monte del Destino. Esta facultad es tan poderosa e hipnótica, infinita en su capacidad de fascinarnos e ilimitada en su alcance, que nos tienta para que nos conformemos con ella y le permitamos fijar el horizonte de nuestras vidas. Esta tentación no ataca solo a los jóvenes, y la imaginación arrastra también a quienes deberían mostrar buen juicio. René Descartes, si no un sabio, sí un hombre instruido al que se tiene por

---

[1] Shakespeare, *El rey Lear* V.III, 262–263 (trad. Vicente Molina Foix).

uno de los mayores filósofos, objeto de libros, clases y debates, se dejó dominar por la imaginación, y eso debería prevenirnos. Los defectos y contradicciones más notables de su sistema filosófico nacen de su excesiva confianza en la imaginación, y en el disfrute de las emociones agitadas y estimuladas por ella, como el «mayor de los placeres de esta vida»[2]. Un siglo más tarde, el filósofo escocés David Hume recogió la convicción de Descartes de un modo más directo aún: «el gusto delicado de la inteligencia o la belleza es el origen de los placeres más elevados e inocentes de los que es capaz la naturaleza humana»[3]. Lo que para estos filósofos fue una tesis hoy lo estamos viviendo; la cultura secular se define por su tendencia a privilegiar determinadas experiencias sensoriales por encima de los gozos de la conciencia clara, la satisfacción de los actos buenos y la posesión de la verdad. Museos y teatros recrean la adoración secular allí donde la religión se retira, y todos elogiamos el poder de la imaginación. En lugar de rezar, miramos, escuchamos e imaginamos, reteniendo esas impresiones.

Los mayores sabios, muchas veces narradores ellos mismos, ya advirtieron que la imaginación es una facultad que debe manejarse con cuidado, sostenida por la razón y respaldada por la realidad. «Adivinaciones, augurios y sueños cosas vanas son, como fantasías de corazón de mujer en parto», leemos en el Eclesiástico, con esta indicación tajante: «A menos que te sean enviadas por el Altísimo en visita, no abras tu corazón a estas cosas» (Eclo 34, 5–6).

---

[2] René Descartes, *Las pasiones del alma*, EDAF, 2005.

[3] David Hume, "The Standard of Taste", en Hume, *Selected Essays*, ed. Stephen Copley y Andrew Edgar (Oxford: Oxford University Press, 1993), 143.

El clásico espiritual Tomás de Kempis, consciente de la tendencia a indigestarnos con la imaginación, nos recomendó que «no te turben pues las imaginaciones extrañas de diversas materias que te ocurran. Guarda tu firme propósito con recta intención a Dios»[4]. Nuestro Señor tuvo presente, al menos en parte, los vuelos de la imaginación, al explicarles a los discípulos su dureza contra la preocupación de los fariseos por la limpieza exterior: «¿No comprendéis que todo lo que de fuera entra en el hombre no puede contaminarle? […] Lo que sale del hombre, eso es lo que contamina al hombre. Porque de dentro, del corazón de los hombres, salen las intenciones malas: fornicaciones, robos, asesinatos» (Marcos 7, 18; 21–22). Los pecados mortales se dan en el mundo cuando hay una perversión de la voluntad, por descontado, pero todos comienzan en la imaginación, verdadera sede de las tentaciones y, si permitimos que nos domine, también del pecado. Para bien y para mal, ese es su poder.

La cualidad más maravillosa del cerebro como órgano es que, a pesar de que destinamos una cantidad incalculable de energía para que funcione, apenas percibimos que lo hace. Somos conscientes de los sentidos externos, cuyos órganos son delicados y pueden sufrir un dolor espantoso o, lo que es peor, una pérdida que nos hace desgraciados. Sin luz y sin algo a lo que mirar no vemos, y tampoco oímos sin un sonido que llegue hasta nosotros. Sin embargo, imaginamos incluso mientras dormimos, y nos bastan unas instantáneas del pasado para componer una escena. Nuestros sentidos externos, como la mente, dependen de la verdad y la realidad; si formulamos dos

---

[4] Tomás de Kempis, *La imitación de Cristo*, III.6.

proposiciones contradictorias, una ha de ser falsa y la otra cierta. O vemos algo o no lo vemos, pero la imaginación no tiene ni medida ni ataduras.

La inteligencia rica y disciplinada de Jane Austen le permitió explorar el poder de la imaginación de algunos de sus personajes, aunque no fuesen muy ejemplares, como en la escena en la que un invitado se ofrece a entretener a sus anfitriones en el cómodo salón familiar leyendo unas páginas de Shakespeare:

Y abriendo con cuidado el libro, dejando que las hojas siguieran su propia inclinación, lo encontró... o se equivocó sólo en una o dos páginas, acertando lo bastante para satisfacer a lady Bertram, la cual aseguró, en cuanto le oyó nombrar al cardenal Wolsey, que había dado con el mismísimo parlamento en cuestión. Ni una mirada, ni un ofrecimiento de ayuda había brindado Fanny; ni pronunció una sílaba en pro o en contra. Concentraba toda su atención en la labor. Parecía haberse propuesto no interesarse por nada más. Pero la afición podía más en ella.

No consiguió abstraer su mente ni cinco minutos; se vio empujada a escuchar. Henry leía magistralmente, y a ella le gustaba en extremo escuchar a un buen lector. A lectores buenos, sin embargo, estaba ya acostumbrada a escucharlos: su tío leía bien, sus primos todos... Edmund, muy bien; pero en el modo de leer de Henry Crawford había una variedad de matices excelentes, superior a lo que jamás había tenido ocasión de conocer. El Rey, la Reina, Buckingham, Wolsey, todos fueron desfilando por turno; pues con el más feliz acierto, con las mayores facultades para amoldarse y con la mayor intuición, siempre daba, a voluntad, con la mejor escena o el menor parlamento de cada personaje; y lo mismo si se trataba de dignidad u orgullo, ternura o remordimiento, o lo que hubiere que expresar, sabía hacerlo con idéntica perfección. Había auténtico dramatismo[5].

Quienes conozcan la novela sabrán de la ambigüedad de este ejercicio de la imaginación de Henry Crawford, a quien Austen presenta como un vanidoso, dominado por la necesidad de aparentar y ser admirado. Su descripción, no obstante, es válida para comprender el poder de la imaginación, ya que la lectura de Crawford suma a su destreza y su excelencia intelectual el talento innegable para conjurar los elementos que transforman su discurso en música: el ritmo, el tono y el dinamismo enfático. Esta capacidad surge de la imaginación, donde se acumulan miles de recuerdos listos para usar y combustible en abundancia para el fuego de la expresión.

El riesgo que comporta esta facultad está hoy más claro que nunca; los mundos virtuales, engendrados por la imaginación de los diseñadores de videojuegos y de los propios jugadores, pueden cautivarnos, y los casos estremecedores de jóvenes que acaban en un estado peor que la esclavitud por su causa se multiplican a diario[6]. Las redes sociales no son mucho mejores, y el límite entre la realidad y la imaginación en las publicaciones es, cuando menos, poroso.

Sin embargo, Dios nos dotó de imaginación para que nos inspirase, como fuente de creatividad, intuición e innovación. No es preciso citar su papel en la creación de las obras maestras del arte: ¿quién no se conmueve con su sinfonía, cuadro, poema o canción favoritos? Lo mismo

---

[5] Jane Austen, *Mansfield Park*, Alba, 2014.
[6] Véase, por ejemplo, Alter, *Irresistible*, 60–66.

ocurre con la tarea de los historiadores, y con la caracterización de los personajes fallecidos hace mucho, que se ven como un objeto lejano, en dos dimensiones, a las que la imaginación añade la profundidad. Los científicos deben recurrir a ella, asimismo, para explicar la naturaleza oculta de las cosas y sus estructuras y orígenes invisibles y, como ya se ha visto, es también el manantial que nutre las buenas interpretaciones.

Una persona dotada de una imaginación bien ordenada y aprovisionada, con una creatividad regida por la razón y disciplinada por la virtud moral, es un don para sí y para otros. La imaginación nos permite entender las circunstancias de nuestros actos en conjunto, al presentarnos aspectos de las posibles elecciones que no están presentes en el momento, y que determinarán parte de sus consecuencias. Un padre imaginativo diseña una fiesta de cumpleaños divertida para su hijo, una esposa piensa cómo celebrar un aniversario alegre, un amigo ayuda a otro a resolver la perplejidad de una relación afectiva problemática y un trabajador propone una solución crucial para superar las dificultades.

Todos podemos ofrecer a los demás el don de una imaginación bien adiestrada para no convertirnos en consumidores pasivos de las impresiones sensoriales que nos ofrecen el mundo y sus pantallas. Una dieta continua de estímulos precocinados debilita esta facultad y la presta a la manipulación, así que, para ser tan creativos como Dante, Rafael o el George Bailey de *Qué bello es vivir*, debemos tomar las riendas de nuestros sentidos, y esforzarnos por lograr que la imaginación esté al servicio de las potencias más elevadas del intelecto y la voluntad.

Sobre las interrupciones en la oración

Santa Teresa de Ávila

De lo que vuestra señoría tiene del querer salir de la oración, no haga caso, sino alabe al Señor del deseo que trae de tenerla, y crea que la voluntad eso quiere, y ama estar con Dios. La melancolía congójase de parecer se le ha de hacer premio. Y procure vuestra señoría algunas veces, cuando se vea apretado, irse adonde vea cielo y andarse paseando, que no se quitará la oración por eso, y es menester llevar esta nuestra flaqueza de arte que no se apriete el natural. Todo es buscar a Dios, pues por él andamos a buscar medios, y es menester llevar el alma con suavidad[7].

Preguntas para la reflexión

- ¿Qué historias cuento? ¿Cómo pueden ganar en riqueza, en virtud y en santidad?

- ¿Consiento en alimentarme con una dieta pre-cocinada de estímulos sensoriales, sobre todo de la televisión y el cine, en lugar de poner a mi imaginación a trabajar en un buen libro?

- ¿Me permito el desánimo cuando me tientan las imágenes internas perjudiciales? ¿Estoy decidido a rechazarlas y a fijarme en lo que es verdadero, real y bueno?

---

[7] Santa Teresa de Ávila a don Teutonio de Braganza, en *Cartas* I, 147–148.

11.
PERSPICACES

EL REY DAVID SE MARAVILLABA de que Dios lo hubiese hecho «apenas inferior a los ángeles» (Sal 8, 6), y nuestro intelecto debería suscitar la misma reacción. Santo Tomás de Aquino enseñó que la prueba de la inmortalidad del alma se encuentra, en última instancia, en nuestra capacidad de conocer, al menos hasta cierto punto, la naturaleza de los objetos materiales. De vivir hoy, le habrían asombrado los avances de la química, la física, la astronomía y la biología, y en ellos vería confirmado que no existen límites para el saber sobre el mundo natural. Si está ahí, trataremos de encontrarlo y, si nos plantea un acertijo, intentaremos resolverlo. No obstante, y a diferencia de los ángeles, conocemos con esfuerzo, sea el individual, por el estudio, o el colectivo, con el coste de las investigaciones organizadas. Salimos al mundo sin saber nada, y debemos explorarlo aplicando los sentidos, para descubrir las causas ocultas de todo.

Los sentidos nos aportan numerosas indicaciones sobre lo que son las cosas y sus causas y, aunque no nos atraiga probar el sabor de los petirrojos, como a Audubon, podemos imitarlo con otros ejemplos, escuchándolos cantar y atraerse, observando con detenimiento su plumaje, examinando sus cuerpos con cuidado, e incluso oliéndolos y comparándolos con los zorzales, los cardenales y los herrerillos. Con lentitud, pero con seguridad, iremos reuniendo conocimientos, aunque sean parciales, y comenzaremos a nombrarlos: animal, pájaro, cantor y, al fin, petirrojo. Cuando aprendemos algo sobre la naturaleza de lo que vemos y oímos, esos datos dan forma a las experiencias sensoriales posteriores, y así reconocemos *esto* como un ejemplo de *esa especie* al ver a *este* petirrojo, a aquel o al otro.

La interdependencia de la vida sensorial e intelectual provoca que seamos bastante más complejos que los ángeles, quienes saben sin necesidad de aprender por los sentidos, y que los animales, que sienten, aprenden, recuerdan y actúan por instinto, pero no saben. En el contraste entre el saber y el actuar instintivo de los animales más desarrollados descubrimos un tercer nivel, en el que reside el sentido interior al que llamamos cogitativo o perceptivo. Ciertos animales también lo poseen, de forma imperfecta, y eso les permite reconocer qué objetos suscitarán en ellos una respuesta conductual, como el spaniel que identifica al conejo como algo a lo que perseguir, y a otro perro como algo a lo que ladrar. La capacidad cogitativa del hombre supera a la mera conducta porque juzga y sabe que un individuo concreto pertenece a una especie en general. En Génesis 2, 23 encontramos un buen ejemplo de esta capacidad, cuando Adán dice, tras ver a Eva por primera vez: «Esta vez sí que es hueso de mis huesos y carne de mi carne». Desde el punto de vista de la percepción a través de los sentidos, Adán vio a Eva como un individuo y la reconoció como parte de las categorías universales de un ser vivo, un animal racional y una compañera.

Otra forma de entender la función del poder cogitativo consiste en analizar los actos ajenos como obra de una persona, dividiendo el hecho de elegir y actuar en sus tres partes: el acto de deliberar, el acto de juzgar y, por último, el acto de ordenar. Cada uno de ellos se ejecuta bien o mal y depende de los anteriores, de modo que, para dictar esa orden, recurrimos tanto al juicio como a la deliberación, mientras que la deliberación no precisa del juicio, ni esta de la orden. Es evidente que hay diferencia entre juzgar la moral de una posible acción y llevarla a cabo, o entre sopesar diversas circunstancias y sus consecuencias antes de emitir un juicio y decidir qué acción consideraremos correcta.

A partir de las diferencias en la conducta y los actos de cada uno descubrimos la función que cumplen los sentidos internos. Sabemos de su intervención porque las decisiones morales afectan a los objetos acerca de los cuales decidimos, que reciben nuestra atención por medio de los sentidos. Es evidente que algunas personas están más capacitadas para rastrear lo que se deriva de sus decisiones, porque tienen en cuenta un número mayor de circunstancias y prevén más consecuencias. Esta destreza surge de una imaginación bien encauzada que ilumina las situaciones. Otros destacan porque son hábiles a la hora de detectar lo universal en lo particular y de percibir que un acto concreto es un ejemplo de injusticia o que alguien no es de fiar. Esta clase de juicios responden a la capacidad cogitativa, la percepción de que *esto* pertenece a *esta clase* de asunto.

El descubrimiento de lo universal en lo particular es esencial en lo que respecta a la razón práctica. Para que podamos elegir una opción, esta tiene que ser un ejemplo individual de algún tipo: *esta* alternativa, *aquella* casa a la venta. Si la capacidad de atribuir a la cosa individual el universal correcto está distorsionada o limitada, no seremos fiables a la hora de escoger lo bueno, y hoy tenemos incontables ejemplos de esta incapacidad. Sherry Turkle cita varios casos de personas que, en apariencia, ya no pueden distinguir entre un robot y un ser humano, y no es su única carencia[1]. En la cultura está cada vez más presente la idea de que las diferencias sexuales dependen de una elección humana, y no de la naturaleza; de que las mascotas pueden tratarse como personas, y de que es posible acumular células, tejidos y órganos de los muy jóvenes o muy ancianos y de los heridos graves, como si ya hubiesen fallecido. En algunos de estos casos, los errores proceden de una desviación severa de la voluntad y la inteligencia, pero en otros pueden atribuirse a la confusión sobre el ser de las cosas, que se manifiesta al juzgarlas en particular y, por lo tanto, en el funcionamiento de la capacidad cogitativa.

---

[1] Véase Turkle, *Alone Together*, 23–147.

¿Cómo se ha llegado a este punto? El vicio, sin duda, tiene parte de culpa. La inteligencia se embota cuando los apetitos sensitivos se endurecen por la falta de moderación, como si estuviese acuciada por una pasión u otra, o bajo los efectos del alcohol o las drogas. Con todo, igual que ocurría con la imaginación o el sentido común, las capacidades sensitivas internas también se deterioran por el abuso y el descuido. Cuando la atención y la imaginación se ven afectadas regularmente por estímulos tan poderosos que no pueden filtrarlos, se vuelven susceptibles a la manipulación. Lo mismo ocurre con la capacidad cogitativa. Las fotografías retocadas son un ejemplo de sustitución de la claridad por la ambigüedad, como ocurre con la vestimenta andrógina, los modelos de conducta que desdibujan intencionadamente la distinción entre lo masculino y lo femenino, las ingentes imágenes creadas por ordenador y las animaciones que se apartan de los modelos naturales. Cuando esta imaginería no casa con lo ordinario, como la descripción de unicornios en la Edad Media o las renacentistas de la cabeza de Medusa, se reconoce su fantasía. El peligro actual es que los sentidos están dominados por imágenes creadas por el hombre, y esto pone en riesgo la capacidad de distinguir qué es real y qué no.

La postergación de la capacidad cogitativa es una tendencia aún más extendida; cuando dedicamos gran parte del día a movernos entre artefactos y a pulsar y mover un puntero por una pantalla, pasamos menos tiempo conociendo la naturaleza de las cosas mediante el uso repetido de los sentidos. Tomemos como ejemplo la pérdida de conciencia del medio que nos rodea por seguir el GPS en lugar de estudiar un mapa. Nos guiamos por la línea azul en la pantalla y atravesamos una zona sin atender a sus características ni leer las señales, ignorando incluso dónde nos encontramos. La orientación con mapas, más tradicional, agudiza la atención, nos da una sensación de pertenencia e insufla en la mente una recreación imaginaria del entorno.

Este y otros ejemplos muestran que la conducta puede atrofiar la capacidad cogitativa y volvernos menos perspicaces, como es innegable que está ocurriendo. La historia de Susana, en el Libro de Daniel, cuenta que fue acusada de adulterio por dos ancianos malvados, cuya perfidia quedó al descubierto gracias a un sencillo examen del profeta: les preguntó por el nombre del árbol bajo el que habían estado la joven y su supuesto amante. El primero dijo «bajo una acacia», el segundo «bajo una encina», y esa discrepancia les condujo a una condena a muerte (Daniel 13, 52–62). Tal vez nos habría ocurrido lo mismo a nosotros, porque no somos capaces de distinguir una acacia de una encina. Sin embargo, para nuestros antepasados, esta capacidad de percibir era lo común. Hoy podemos enorgullecernos de distinguir, digamos, un Jeep de un Prius, y nos decimos que somos perspicaces, pero las diferencias en los artefactos creados por la mano del hombre son más evidentes que las naturales. El arte se anuncia a sí mismo —sobre todo si le ayudan los departamentos de *marketing* y ventas—, y la naturaleza prefiere ocultarse. Casi todos reconoceremos, si somos honestos, que debemos esforzarnos más en esta área de la vida de los sentidos;

si perdemos la capacidad de percibir, el lenguaje y el medio tendrán menos significado. ¿Qué nos dice del mundo en el que están creciendo nuestros hijos el hecho de que un diccionario juvenil retire las palabras «bellota» o «ranúnculo» para hacer sitio a «blog» o a «bitcoin»?

¿Cómo recuperar el terreno perdido? En primer lugar, admitiendo que la vida cognitiva tiene más fines que el de contemplar una pantalla. Fuimos creados por Dios para conocer la naturaleza de las demás cosas creadas y para descubrir tras ellas su causa, pasando de la creación al Creador. Por tanto, los beneficios de una vida sensitiva interior rica son enormes. En el día a día nos permite juzgar de un modo fiable y actuar con racionalidad y, en la búsqueda de respuestas en el universo y cuanto contiene, podremos convertirnos en esos sabios que nos gustaría llegar a ser.

La importancia de guardar los pensamientos

John Henry Newman

Porque hay que tener en cuenta, a continuación, una consecuencia cierta de ese admitir malos pensamientos, aunque no nos lleguen hasta el corazón. Es esta: que nos acostumbramos a ellos. Nuestra gran defensa contra el pecado estriba en que nos produzca una conmoción, un choque. Eva miró y se detuvo a reflexionar, cuando debía haber huido. Se dice a veces que «es mejor pensar las cosas dos veces». Esto es verdad en muchos casos; pero hay otros en que lo mejor es, justamente, no pensar las cosas más que una vez. Porque el pecado es como la serpiente que sedujo a nuestros primeros padres. Dicen que algunas serpientes tienen el poder de fascinar. Sus ojos tienen el poder de subyugar, encantando a sus víctimas, que se ven reducidas a una completa indefensión, no pueden huir, y son incluso obligadas a acercarse y a entregárseles, hasta que son devoradas. ¡Qué ejemplo tan terrible es este del poder del pecado y del demonio sobre nuestro corazón! Al principio la conciencia nos dice de modo sencillo y directo lo que está bien y lo que está mal; pero si damos poca importancia a esta advertencia, la razón empieza a pervertirse, se vuelve cómplice de nuestros malos deseos, y acaba por engañarnos y destruirnos. Comenzamos entonces a descubrir que hay argumentos en favor de acciones malas, luego les prestamos atención y al final acabamos pensando que son verdaderos; si por casualidad nos vuelven pensamientos mejores y hacemos un débil esfuerzo por acercarnos a la verdad real y sinceramente, tenemos la mente ya tan confundida que no sabemos distinguir el bien del mal.

Por ejemplo: cualquiera se queda impresionado al oír una blasfemia o una maldición por primera vez; no puede evitar incluso que se note externamente; es decir, que se muestra grave y apesadumbrado, y se siente incómodo. Pero una vez que se ha acostumbrado a ese modo de hablar irreverente, una vez que se han reído de él por ser tan severo, y ha empezado a considerar varonil esa conducta y se ha decidido a adoptarla, entonces rápidamente empezará a defenderla. Dirá que no pretende nada malo, que no hace daño a nadie, que son solo palabras, y que todo el mundo las usa. He aquí un caso en que la desobediencia a lo que sabemos que es bueno nos vuelve ciegos[2].

Preguntas para la reflexión

- ¿Me tomo en serio mi vida sensitiva, siendo consciente de que mi inteligencia y mi carácter dependen de mi capacidad para reconocer las cosas individualmente por lo que son?

- ¿Me dejo fascinar o inquietar por la fantasía o la realidad virtual, o por modas y novedades, hasta el punto de desinteresarme por las cosas reales y permanentes?

- ¿Ejerzo mi capacidad para percibir ejemplos individuales de distintas clases, por ejemplo, de pájaros y plantas que veo a mi alrededor a diario?

---

[2] John Henry Newman, "Curiosity a Temptation to Sin", en *Parochial and Plain Sermons*, VIII: 66–68 (Trad. Victor García Ruiz *et al.*).

12.
EXPERIMENTADOS

Guarda, hijo mío, mis palabras [...]
escríbelas en la tablilla de tu corazón.

[Proverbios 7, 1; 3]

IMAGINA QUE ESTÁS RECORRIENDO un supermercado junto a una cocinera de fama mundial. Pese a tu experiencia en la cocina, ella descubrirá y sentirá más, porque verá en esa tienda, además de los productos que se pueden comprar, las posibilidades que ofrecen. Junto a los objetos individuales también evaluará su calidad y, al caminar por las distintas secciones, nombrará cada alimento, describirá su procedencia, si son frescos o no, cómo han sido cultivados y conservados... En muchos casos, será capaz de contar su historia, de qué regiones del mundo son tradicionales y cuándo aparecieron por primera vez en las tiendas de nuestro país. Imaginará cómo podrían convertirse en ingredientes de platos distintos y, al descubrir la estantería de los tomates, apreciará sus variedades, te indicará cuál es mejor para una salsa —y con qué especias y hierbas combina—, cuál se puede asar, saltear o preparar en rodajas con mozzarella, aceite de oliva y vinagre. En su visita, diseñará menús aprovechando los productos más interesantes o de mayor calidad y, con presupuesto y tiempo, siempre y cuando la tienda esté bien aprovisionada, no tardará en inspirarse ante todas las posibilidades que le ofrece.

Piensa ahora en esa misma tienda según la experiencia de un niño. Por mucho que sea paciente —algo no muy común— y le gusten las aventuras, no percibirá más que una confusión de objetos sobrecogedora, especialmente en la sección de productos frescos. No reconocerá el hinojo, el familiar aguacate no despertará sus sentidos ni percibirá las decenas de posibilidades ocultas en un sencillo tomate. No será capaz de advertir la calidad o la frescura ni de imaginar las combinaciones de ingredientes para un guiso o una sopa, ni cómo aderezarlos con sal o aderezo de limón. Un niño no verá lo que percibe un chef, y desde luego no comparte su inspiración. Como mucho, se aburrirá, se distraerá y se desorientará. Si tuviese libertad para prepararse la cena acabaría frustrado y enfadado, o se limitaría a vagar buscando un paquete de Oreos.

Estos son dos encuentros auténticos con el mismo entorno. ¿Qué diferencia hay entre el del niño y el de la cocinera? ¿Cómo acaba un jovencito convirtiéndose en chef? No basta con entregarle un libro de recetas ni con mostrarle unos cuantos platos ya preparados, y tendría mejor resultado dejarle que ayude a la cocinera. Pero ni siquiera haciendo de pinche obtendrá lo que tiene la chef: años de experiencia y práctica, innumerables conversaciones con otros cocineros, el estudio y uso prolongados de manuales de cocina de estilos distintos y, por supuesto, las cientos y cientos de degustaciones

–conscientes y atentas– de sus platos y de los ajenos. Lo que distingue al chef del niño, lo que da al primero una sensibilidad y olfato que el segundo no puede ni imaginar, es la experiencia.

La experiencia refuerza la capacidad cogitativa; con independencia del esfuerzo por atender, sin práctica no veremos más allá de la superficie, no estableceremos relaciones ni seremos conscientes de lo que aún no está ahí. La experiencia concentra y fortalece la función cognitiva a distintos niveles, desde la vista hasta la memoria y la imaginación, además de la capacidad de análisis, de comparación y de evaluación. El tiempo, esfuerzo y disciplina de los años de ejercicio parecen agotadores y limitantes, pero son una inversión que expande el poder de sentir y comprender.

Al incrementar la percepción y el gusto, la experiencia acrecienta la libertad, como se ve en el ejemplo del niño y la cocinera, libre para actuar de un modo inalcanzable para él. Lo que es cierto para la chef en la tienda lo es para una persona experimentada en la vida en general. El veterano ve más y entiende más, y está capacitado para actuar con mayor valentía y libertad que el inexperto.

Uno de los motivos por los que debemos honrar a los mayores es porque sus largas vidas les han otorgado una intuición inalcanzable por otros medios. Donde un niño ve una hilera de casas, su abuela conoce y siente la historia del vecindario, en la que cada vivienda posee personalidad y un relato que las relaciona entre sí, con sus familias y con la historia más amplia de la región y el país: guerras, crisis económicas, sequías y tormentas, fracasos y triunfos.

Gran parte de esta experiencia puede antojarse inútil, como un ejercicio de nostalgia para recrearse. Una historia bien contada podría ayudar al niño a entender mejor un aspecto de la vida de su abuela, pero el chico acabará aburrido si esta no deja de repetir lo que les ocurrió a sus vecinos. No obstante, la experiencia acumulada, incluso como un conjunto de observaciones que no llegan al nivel de una percepción intelectual, constituye un género de sabiduría y, como tal, es útil. Un agente inmobiliario que esté al tanto de la trayectoria y las tendencias de su comunidad lo tendrá más fácil para encontrar clientes y cerrar ventas que alguien dotado de habilidades técnicas, pero sin información del contexto y el carácter de la zona. Aún mejor —con más éxito a largo plazo y más virtuoso— será el agente que se preocupe y cuide la zona que tiene asignada, y que no considere cada propiedad como una mera ocasión para obtener réditos.

¿Cuál es la sede interna de nuestra experiencia del mundo? La memoria, el almacén interior de las cosas sentidas y comprendidas, con la que abordamos la cuarta y última de las potencias internas. La memoria es a la capacidad cogitativa lo que la imaginación al sentido común: ambas son facultades retentivas. En la imaginación acumulamos colores, sonidos, sabores, aromas y experiencias táctiles. En la memoria guardamos las cosas que hemos visto, oído, probado, olido y tocado, el emplazamiento de la casa en la que crecimos, el tono de nuestra pieza musical favorita, los nombres de las capitales de los países. Ahí se almacenan las experiencias a las que recurrimos para que den forma a nuestras acciones. La memoria poderosa de la cocinera le permite relacionar el tomate que está viendo con la receta que aprendió hace mucho, de forma que la cena quede como debería.

La memoria está en el centro del aprendizaje, y gran parte de la enseñanza se basa, más que en la práctica del pensamiento, en el enriquecimiento de la memoria, mediante el contacto con la naturaleza y los viajes, si es posible, pero sobre todo gracias a las historias, los poemas y las canciones. El corpus humanístico, principalmente histórico y literario, trata de cargar la memoria para que las personas educadas así sean capaces de asociar lo nuevo y actual con las formas del pasado, con sus posibilidades futuras y con sus referentes literarios. Lo que se acumula durante los viajes o el estudio de la arquitectura permite apreciar el diseño de un edificio nuevo, y el conocimiento literario y teológico ayuda a descubrir al lector que un árbol en una novela o un cuento puede aludir al jardín del Edén, a la zarza ardiente o a la Cruz.

Las teorías educativas modernas tienden a denigrar la memorización o el «aprendizaje de memoria», como suele calificarse, olvidando su importancia, por ejemplo, para el dominio de las fechas relevantes de la historia, lo que ordena el marco mental en el que ir ubicando otros acontecimientos de segunda categoría. No obstante, los que critican la memorización aciertan en parte, porque esta facultad abarca más que la mera acumulación de datos. Una persona con experiencia, con una memoria enriquecida, disfruta de la cercanía de personajes y hechos del pasado, de monumentos y lugares distantes, de palabras e ideas, de formulaciones y significados, por la práctica y el contacto, en ocasiones con orden y disciplina y en otras por una acumulación caprichosa. La experiencia es familiaridad, obtenida con el esfuerzo afinado por la memoria.

Los pensadores clásicos se tomaron en serio el arte de la memoria, que concebían como un espacio interior dividido en estancias por las que viajar. En esta morada interior se pueden aprender cosas nuevas, ubicándolas en esas habitaciones o asociándolas con objetos. Esta técnica es útil para aprender de memoria —listas de datos o números, por ejemplo—, pero también para organizar y ordenar las ideas. Un orador puede hablar largo y tendido, con coherencia, si ha colocado las observaciones más importantes en sus habitaciones internas y va paseando mentalmente por ellas.

Aunque creamos que la memoria exige esfuerzo, lo cierto es que siempre la estamos ejercitando; la cuestión no es si recordamos, sino cómo lo hacemos. No es un ejemplo muy logrado, pero si dedicas gran parte de tu tiempo libre a ver *The Office*, cada nueva experiencia te recordará algún chiste tonto de Michael Scott. Si, por el contrario, pasas horas meditando los salmos, tu mente no tardará en relacionar las experiencias que vivas con la Sabiduría Divina. Platón dio tanta relevancia a la supervisión de los poemas y la música que escuchaban los jóvenes porque que sabía que sus mentes, afectos y capacidades irían tomando forma a partir de las narraciones que se grabasen en su memoria.

Los consejos prácticos en este sentido son evidentes. El primero consiste en estar alerta ante lo que adquiere nuestra memoria, responsabilizándonos de lo que experimentamos y de cómo lo hacemos. Antes, podemos enumerar qué recuerdos valoramos más —historias familiares, canciones y libros favoritos— para descubrir la forma de activarlos y renovarlos, cultivando una memoria rica y sana. Tal vez quepa aprender algo nuevo sobre nuestro entorno y apreciar sus paisajes e historia, o descubrir más sobre los que nos antecedieron y compartirlo con nuestros hijos o familiares.

Existen formas activas de dar forma a los recuerdos; la lectura y la oración reavivan los antiguos y generan otros nuevos, y hay estudios que muestran que el impacto de los libros en papel es mayor que el de los digitales. La meditación sobre las Escrituras puede resultar más sencilla si se escoge una Biblia física, que se convertirá en un amigo de confianza de uso prolongado, igual o más que cualquier otro libro.

Algunas de las oraciones que más apreciamos fueron escritas para fijarse en la memoria, como el Rosario, cuyo poder reside en la simplicidad con la que encadena alabanzas sencillas de hechos memorables. Incluso si nos demoramos en la contemplación de cada misterio lo haremos en un entorno recordado que nos ayudará a vivir internamente algún pasaje gozoso, luminoso, doloroso o glorioso de la vida de Cristo. María es un gran modelo de memoria sana, activa, cuidada y potente. Que aquella quien «guardaba estas cosas, considerándolas en su corazón» (Lucas 2, 19) nos inspire para mantener viva la memoria de su Hijo y su victoria gloriosa sobre el mal y la muerte.

El *Magnificat*

Lucas 1, 46–55

Y dijo María: «Engrandece mi alma al Señor y mi espíritu se alegra en Dios mi salvador porque ha puesto los ojos en la humildad de su esclava, por eso desde ahora todas las generaciones me llamarán bienaventurada, porque ha hecho en mi favor maravillas el Poderoso, Santo es su nombre y su misericordia alcanza de generación en generación a los que le temen. Desplegó la fuerza de su brazo, dispersó a los que son soberbios en su propio corazón. Derribó a los potentados de sus tronos y exaltó a los humildes. A los hambrientos colmó de bienes y despidió a los ricos sin nada. Acogió a Israel, su siervo, acordándose de la misericordia como había anunciado a nuestros padres en favor de Abraham y de su linaje por los siglos».

Preguntas para la reflexión

- ¿Por qué recuerdos y experiencias notables estoy más agradecido?

- ¿He cultivado lo suficiente la memoria o he permitido que se convierta en un jardín sembrado de malas hierbas?

- ¿Cuándo fue la última vez que memoricé un salmo, un himno o una poesía?

PARTE III
PENSAR BIEN

13.
ESTUDIOSOS

> Sale en busca de la sabiduría
> como el que sigue el rastro.
>
> [Eclesiástico 14, 22]

PARA QUE NUESTRA VIDA tenga sentido debemos dárselo también a pensamientos y obras. En capítulos anteriores hemos estudiado la determinación que subyace a los actos, relaciones y sensaciones externas, y nos vamos acercando al objetivo último de este libro, que es la disciplina mental. Antes de alcanzarlo, vamos a abordar un asunto más general, que presupone un pensamiento orientado: la atención deliberada. En el capítulo noveno consideramos la atención como una forma de vigilancia, sobre todo de la vista, y aquí la estudiaremos de manera amplia, como una guía que permite pensar con determinación.

Damos la atención por sentada con tanta facilidad que apenas se habla o se reflexiona sobre ella. La *usamos* de continuo, atendiendo a diversos asuntos, pero casi nunca nos paramos a pensar en su poder. Sin embargo, cuando lo hagamos, nos daremos cuenta de la importancia que tiene para una vida interior sana, y del peligro que conlleva habituarse a que pierda el rumbo.

Nuestro recorrido nos ha ido descubriendo los recursos de los que disponemos para pensar con determinación, con un objetivo en mente. Ya te has comprometido a leer y reflexionar, y lo has ido haciendo a lo largo de más de una decena de capítulos, con las consiguientes interrupciones y momentos de cansancio o aburrimiento. Puede que te hayas enfrentado a una especie de resistencia espiritual, fricción intelectual o sopor de la mente y, por tanto, estarás de acuerdo en que no es fácil mantener la atención, que es el punto de partida antes de valorar con claridad lo que significa. Todos lidiamos con asaltos constantes a la atención, obstáculos externos e internos que nos recuerdan que lograr atender con determinación es un gran logro.

Uno de los personajes ficticios más reputados por su atención es, sin duda, Sherlock Holmes. Al leer su nombre, lo primero que recordamos es su famosa capacidad de deducción, acompañada de la exclamación: «¡Elemental, querido Watson!» No obstante, la lógica tal y como la practicaba es una destreza menor si se la compara con su cimiento, que es la extraordinaria habilidad para observar. «Señor Holmes, es usted un brujo», dice uno de sus clientes más asombrados. «Lo ve usted todo». La réplica de Holmes nos enseña algo sobre la atención: «No veo más que usted, pero estoy entrenado para fijarme en lo que veo»[1].

---

[1] Sir Arthur Conan Doyle, "La aventura del soldado de la piel descolorida", trad. Julio Gómez de la Serna, en *Todo Sherlock Holmes*, Cátedra, 2003.

Holmes es un cazador de pistas y, como sugiere esta comparación, su éxito requiere una enorme capacidad de atención, una facultad que está por encima de los sentidos y los dirige. La atención exige de ellos que estén concentrados y afinados, y que las potencias internas descarten unos objetos y otorguen precedencia a otros. Sin embargo, la verdadera atención también ve más allá de la superficie y de lo que le aportan los sentidos externos, y relaciona lo que está presente con lo que no. Percibir las características de un objeto requiere un esfuerzo sostenido, si no contemplativo, al menos reflexivo, que pone en juego los distintos niveles de cognición. Estudiar una obra de arte, por ejemplo, implica a los ojos, a la memoria y al intelecto, pero también a la voluntad. Cuando atendemos, nos apoyamos en nuestras capacidades de comprender, de analizar, de comparar y de evaluar.

Por este motivo, la frase hecha «prestar atención» es ambigua, ya que en realidad no la «prestamos», sino que la «entregamos», sin intercambiarla o cederla. Como con la mayoría de los dones, con ella damos algo de nosotros mismos, y recibimos a cambio otra cosa. Implica al pensamiento, a las emociones y, por encima de todo, a la voluntad, y por eso podemos decir que la atención es una inversión de todo el yo. «Dime qué admiras», afirmó el teólogo dominico Servais Pinckaers, «y te diré quién eres»[2]. Por más que una historia esté bien articulada, no le prestaremos atención si no nos conmueve la pena por un fracaso trágico o la alegría por una victoria

---

² Servais Pinckaers, O.P., *A l'école de l'admiration* (Paris: Éditions St. Paul, 2001), 5.

heroica. Lo mismo ocurre con las personas, a quienes no atenderemos sin empatía, respeto y caridad. Nuestra atención es nuestra identidad, en todos los sentidos.

La atención consciente es la virtud fundamental por la que los sentidos interiores y el intelecto siguen el dictado de la voluntad y de la capacidad de elegir. Las palabras más habituales para describir el poder de observación o conciencia de una persona habituada a atender bien son metáforas relativas a la extensión y a la textura. La atención, o los descubrimientos que nos procura, pueden ser profundos, amplios, penetrantes, sutiles, afilados o profundos. En ocasiones nos referimos a ella como a una especie de foco, como si solo importase que la lente de los sentidos externos estuviese en orden. Sin embargo, se trata de algo mucho más personal, porque exige que el yo salga hacia el mundo para acogerlo mejor, como un medio indispensable y esencial para aumentar el conocimiento y progresar en el camino de la sabiduría. La atención da forma a lo que sabemos y valoramos, y determina, por tanto, quiénes somos y en quiénes nos convertiremos.

Por este motivo, la tradición cristiana, al menos desde san Agustín, ha señalado a la atención virtuosa con el nombre de *studiositas*, que nos recuerda a la diligencia académica. Para santo Tomás, esta virtud se resumía en «una aplicación intensa de la mente» a cualquier objeto que regula y ordena el deseo de saber[3].

Mientras una virtud puramente intelectual como la prudencia consiste en juzgar y deliberar adecuadamente, la estudiosidad o virtud de la atención es el hábito

---

[3] Santo Tomás de Aquino, *Summa Theologiae*, II-II, Q. 166.

de reconducir la conciencia por el camino debido hacia las cosas correctas. Quien la posee ordena y despliega sus intereses y su deseo de saber de un modo bueno y con la intensidad apropiada, ni muy fuerte ni muy débil. Presupone una especie de constancia o valentía para vencer los obstáculos —como el cansancio físico— que pueden frustrarla y, por encima de todo, se restringe, se regula o se modera de forma tal que espolea el conocimiento o la atención precisos de un modo recto. La virtud de la estudiosidad es la templanza aplicada al deseo de saber.

Para valorar su importancia basta con averiguar lo que ocurre cuando falta. Santo Tomás analizó el deseo desordenado de saber o la atención desmedida calificándolo como un vicio, la *curiositas*, que se podría traducir como curiosidad sin el matiz benévolo o incluso positivo que tiene hoy. Pensemos en cómo el conocimiento, sobre todo el que se adquiere por la vista, puede desatender a lo que nos convendría a causa de la pereza o la falta de disciplina. Consideremos, por otra parte, la atención que prestamos a veces a lo trivial o absurdo, incluso a lo perjudicial, como en el caso de la morbosidad que lleva a la lujuria, o al interés vano que desemboca en la murmuración. La atención también puede satisfacer un placer desordenado, a través de esa especie de sufrimiento que produce recrearse en lo impactante, lo horrible o lo vulgar.

La mente curiosa deambula en un movimiento en apariencia inofensivo, como un pasatiempo que podría enriquecernos, igual que al recorrer una librería bien abastecida. En realidad, cuando nos aleja de nuestros deberes o del camino recto, ese vagar trae problemas.

Por eso Dante condenó al infierno a Ulises, el viajero, en la *Comedia*. La experiencia demuestra que la atención distraída no es inocua, tal y como se comprueba al interesarse por las acciones ajenas, no por nuestro bien, para tomar ejemplo o para ofrecer un consejo amable, sino por vanidad, envidia, malevolencia u orgullo.

La identificación de la *curiositas* como un vicio es añeja en la tradición espiritual. San Agustín se acusó de este pecado en el décimo libro de sus *Confesiones*, y san Bernardo de Claraval la situó en el primer peldaño de los doce que ascienden hasta el monte de la soberbia.

El origen de esta línea de pensamiento puede estar en el monje del siglo IV Evagrio Póntico, quien, sin recurrir a ese término, sí se interesó por el problema de la distracción o la agitación; para un monje, la tentación de distraerse es la misma o incluso mayor que para un laico. Evagrio reparó en que la mente, en lugar de meditar un versículo de la Escritura, saltaba de uno a otro, y en algo aún peor: los monjes, que deberían concentrarse en la oración, podían sentir la inquietud de aplazarla para acometer una obra de misericordia corporal.

Los retos para quienes viven en el mundo son distintos, y las ocasiones de distracción apenas tienen límites a la hora de alejarnos de los deberes cristianos. Los dispositivos digitales se han diseñado para que la atención salte sin esfuerzo de una cosa a otra, y aún no hemos terminado de recibir un pensamiento intrusivo cuando ya estamos buscando algo en Google o comprobando una actualización de estado, mientras nos decimos que eso no es perder el tiempo, porque estamos aprendiendo. Consumimos las noticias, vídeos y publicaciones a tal velocidad que ni siquiera nos damos cuenta de que hemos pasado de una página a la siguiente.

La mente disfruta de la atención como la lengua del sabor, pero, en general, lo hace como quien paladea una patata frita de elaboración química. La dosis de placer vacío nos hace ir a por más, hasta que nos llenamos de calorías inútiles, sin poder parar. La distracción digital es adictiva, y no es una metáfora, sino una constatación basada en datos conductuales y neurológicos. Son numerosas las personas que, como el bloguero Andrew Sullivan, han padecido esa autodestrucción y se han tenido que internar para rehabilitarse.

La solución más sencilla consiste en limitar la exposición a las distracciones digitales, cambiando las imágenes y la información por el entorno físico. Atender a la naturaleza y, sobre todo, a las personas. Las investigaciones en profundidad de Sherry Turkle confirman lo que ya deberíamos saber: que los jóvenes y ancianos buscan la atención ajena, y que la mayor catástrofe de la época de la conectividad es la pérdida de relaciones con los demás, de la empatía, de la escucha y de la capacidad de compartir y concentrarse en la actividad humana más básica, que es la conversación[4].

Nos jugamos mucho; la atención estudiosa se relaciona, a un nivel profundo, con el sentido que le damos a nuestras vidas. Evagrio atribuyó el pecado de la distracción con uno capital, la acedia, esa incapacidad subjetiva de actuar que vimos al comienzo de este recorrido. La *acidia* o *acedia* suele traducirse como «pereza»,

---

[4] Cfr. Sherry Turkle, *En defensa de la conversación*, Ático de los Libros, 2017.

lo que implica únicamente falta de diligencia, cuando este defecto espiritual abarca mucho más. El rasgo principal de la acedia es una tristeza que roza la desesperación o, como la definió santo Tomás, siguiendo a san Juan Damasceno, una «tristeza que apesadumbra», que pesa en la mente y sofoca el deseo de actuar[5]. Este letargo espiritual supone más una inclinación que un rechazo, en el corazón más que en la mente. En el peor de los casos, la acedia se manifiesta como una incomodidad y rechazo del bien que nos llevaría a actuar.

Lo contrario de la acedia no es la mera actividad, sino la actividad con un fin. No basta con estar ocupado, que puede considerarse otra forma de acedia, como afirma santo Tomas al incluir la falta de descanso en el *sabbat* entre sus síntomas. La inquietud, la búsqueda de distracciones, el activismo compulsivo sin un objetivo determinado son manifestaciones de acedia. Padeces este mal tanto si retrasas tus deberes mientras te tumbas en el sofá como si te dedicas a otros proyectos distintos, y aceptamos sus mentiras porque, de un modo implícito, nos dice que no somos capaces de actuar con un propósito. Nos ciega mediante las actividades incesantes o con un sopor solitario y desesperado, impidiéndonos encontrar un motivo en el alma para ponernos en marcha.

Como Evagrio, santo Tomás imputó la *curiositas* a este pecado; sin imaginar el punto al que llegaría en la era digital, sí que advirtió que puede ocurrir lo contrario, cuando es la *curiositas* la que provoca acedia. Aunque

---

[5] Santo Tomás de Aquino, *Summa Theologiae*, IIa-IIae, Q. 35, art. 1, cita de Damasceno, *De Fide Orthodoxa* ii.14.

no sea un diagnóstico médico, nos damos cuenta de que, en términos clínicos, uno de los efectos demostrables de la adición digital es la depresión.

Por lo tanto, el primer paso para evitar la *curiositas* será aquello que aleje la acedia: salir fuera y hacer algo, pero con un objetivo, de forma que cumplamos las responsabilidades que nos tocan. No queremos estar ocupados para no afrontar nuestros deberes, sino que acometeremos aquello que habíamos pospuesto o asumiremos un nuevo proyecto. Tal vez consista en dedicarle más tiempo a conversar con familiares y amigos o a un curso serio y profundo sobre el Evangelio o las cartas de san Pablo. Por encima de todo, fomentaremos el hábito de estar atentos en la oración, con mayor profundidad y constancia. No será fácil, y tendremos que encauzar a nuestra voluntad caprichosa. La atención centrada y eficaz hoy es heroica y, como en el resto de virtudes, solo se alcanzará con un esfuerzo decidido y una práctica continua.

Canto a la atención

Salmos 123, 1-3

A ti levanto mis ojos, tú que habitas en el cielo; míralos, como los ojos de los siervos en la mano de sus amos.

Como los ojos de la sierva en la mano de su señora, así nuestros ojos en Yahveh nuestro Dios, hasta que se apiade de nosotros.

¡Ten piedad de nosotros, Yahveh, ten piedad de nosotros, que estamos saturados de desprecio!

Preguntas para la reflexión

- ¿Durante cuánto tiempo seguido puedo leer o escuchar sin distraerme? ¿Estoy satisfecho con ese resultado?

- ¿Qué habilidades, prácticas, materias de estudio o personas he desatendido en los últimos años? ¿Qué pasos concretos puedo dar para corregir esos patrones de conducta?

- ¿Tengo un plan concreto y realista para buscar la sabiduría y «renovar la mente» (v. Rom 12, 2) según «la mente del Señor» (1 Cor 2, 16)?

14.
VERDADEROS

Sea vuestro lenguaje: «Sí, sí»; «no, no».

[Mateo 5, 37]

EN SENTIDO AMPLIO, CADA sección de este libro trata de la mente y de la atención a nuestras acciones y sensaciones. En uno más concreto, sin embargo, no la hemos estudiado en detalle; por mucho que se haya hablado de ella a cada paso, el intelecto aún no ha sido el tema central de la conversación, así que este es el momento de prestar atención al pensamiento.

La inteligencia humana es misteriosa y fascinante, y todos asumimos que la racionalidad es lo que nos distingue de los demás animales. Desde los albores de la reflexión filosófica, quienes han meditado sobre este rasgo distintivo del hombre han aludido a lo sobrenatural, a la chispa de lo divino en nosotros, a la participación en la trascendencia o al poder espiritual de un reino invisible.

Son muchas las pruebas que demuestran que somos un caso aparte entre los demás seres, y de ahí que se diga que el hombre es el fabricante de herramientas, el que usa el lenguaje, el que crea cultura. Estas descripciones casan bien con nuestra conducta, y sobre todo señalan hacia una capacidad profunda del ser humano, la de comprender el mundo y lo que está más allá de este, de un modo inalcanzable para las bestias. Hay quien insiste en que esta cualidad es de grado, y no de clase, porque también otros animales recurren a las herramientas, se comunican y viven en grupos organizados. Los delfines vocalizan en sus expediciones de caza, los pergoleros construyen nidos intricados para el cortejo y las abejas conviven en un orden social estricto, prodigios naturales que nos maravillan y nos acercan a estas criaturas. No obstante, los apetitos, la imaginación y el instinto explican sus conductas, y no es preciso investigar más allá de sus capacidades sensibles, especializadas y complejas, para intuir tras ellas una racionalidad misteriosa.

En todo el reino animal no existe nada que se acerque a las actividades más específicas del hombre, como las artes, las indagaciones científicas y filosóficas o el culto religioso. Los gorilas aprenden a emplear signos, pero son incapaces de crear un lenguaje, y aún menos de leer o escribir libros. No encontraremos parecido con la arquitectura, que abarca más que la construcción porque implica teorizar sobre ella, ni una interacción social que recuerde, de lejos, a nuestros debates políticos, en los que se contrastan ideas y no solo se compite por el poder.

El culmen del intelecto racional es su capacidad de elaborar ideas más allá de lo que le dicen los sentidos, trascendiendo las particularidades del tiempo y el espacio para aprehender los principios eternos y los objetos inmutables. Los animales ven cosas concretas e interactúan con ellas; también los humanos, con el añadido de que por su medio acceden a realidades que no perciben por los sentidos, porque es imposible, como ocurre con los conceptos matemáticos, las teorías científicas, los argumentos lógicos y los incontables pensamientos con los que categorizamos y comprendemos el mundo que sentimos. Somos conscientes de lo que percibimos y de cómo conseguir lo que deseamos pero, gracias al intelecto racional, nos elevamos hasta lo verdadero y lo bueno.

La tradición filosófica clásica da fe de esta capacidad cuando señala la diferencia entre lo particular y lo universal. Los sentidos internos y externos tratan con lo particular, y de un perro vemos su forma y color. Si cerramos los ojos y nos imaginamos un perro, será de una raza y no de otra, un cachorro o un adulto. La mente no está limitada, y somos capaces de pensar y hablar sobre sus características en general, sin referirnos a este o a aquel, porque podemos reflexionar sobre la naturaleza universal de los perros, la forma canina de ser que comparten todos ellos. Esta naturaleza universal posee un contenido inteligible —ser un mamífero, y uno distinto de otros como los gatos o las vacas—, pero ese contenido no posee una forma, tamaño o raza particulares. De hecho, esta falta de forma, tamaño o raza es la que indica que existe una naturaleza canina universal, común a cualquier perro.

La posibilidad de vivir en el reino de los universales es un misterio, atestiguado por el hecho de que empleemos metáforas en apariencia contradictorias para referirnos a él. Por una parte, parece que la mente recibe una inspiración o iluminación de un poder superior. Igual que el ojo solo ve un objeto si este recibe luz, la mente solo capta las realidades si una especie de inteligencia las ilumina, como explicó Platón con una de sus metáforas preferidas para estudiar el intelecto. Gracias a la iluminación, la mente ve las formas de otro mundo, de las que participan los objetos de este y por las que tienen su ser.

Por otra parte, la función del intelecto ha sido caracterizada como una especie de aprehensión o, más literalmente, una captura, como si atrapase una imagen que se le presenta, mediante la imaginación, y crease por sus propios mecanismos un contenido más general y comunicable. Aristóteles escogía esta otra metáfora: por la abstracción —en el sentido etimológico, «traer fuera»—, la mente aísla y atrapa las formas ocultas, oscurecidas y entremezcladas con las cosas materiales a las que dan estructura.

Santo Tomás no consideró necesario optar entre ambas comparaciones, ya que cada una recoge un aspecto distinto de la capacidad intelectual, y las dos arrojan luz sobre los hechos, indudables, de que podemos conocer y conocemos. Además, coinciden en que hay realidades —formas, verdades, ideas, estructuras universales— inaccesibles para los seres inferiores que se presentan al hombre en la mente, y a través de ella. La señal de que podemos conocer está en que navegamos por un mundo de cosas y les damos nombre, afirmamos algo sobre sus propiedades y las comparamos entre sí de un modo ordenado. Esto es un perro, eso es un gato y los dos son animales vertebrados mamíferos.

En la Antigüedad se consideraba a las matemáticas especialmente aptas para acceder a los universales que van más allá de lo que trasmiten los sentidos, gracias a figuras geométricas como las líneas, los planos y las formas. La luna se nos presenta como un círculo, la sombra de una nube sobre una colina es un plano geométrico visible, y los límites de los objetos que vemos a diario son líneas. Sin embargo, el interés del geómetra es más abstracto y universal, porque trata de averiguar qué hace que un círculo sea tal y cómo captar en palabras lo que es la naturaleza. Para él, es una cuestión fundamental afirmar que un círculo es un conjunto de puntos o que se trata de una figura plana limitada por una línea. Si la imaginación fuese el juez de la geometría bastaría con cualquiera de las dos frases. Todos podemos imaginar un círculo como un todo compuesto por partes minúsculas, curvadas de un modo uniforme y compuestas en el orden correcto. La capacidad de razonar del geómetra consideraría incoherente esta explicación, y nos preguntaría de inmediato qué ocurre si una de esas partes minúsculas se corta por la mitad, por ejemplo. Esa definición tampoco encajaría en sus verdades geométricas. La tangente perdería sus propiedades distintivas si no fuese la intersección de una línea y una circunferencia en un punto, sin longitud y sin curvatura.

A la mayoría no nos interesará demasiado la verdad sobre los círculos, pero sí existen otras en las que buceamos profundamente. Ni siquiera es preciso buscar un ejemplo perfecto; a nadie le gusta que le mientan, le contradigan o le consideren un ignorante, sin que importe la materia de la que estemos tratando. ¿Cuántas veces hemos escuchado o intervenido en una conversación sobre un hecho que podría zanjarse en segundos con una búsqueda en Google? ¿Con qué frecuencia una disputa entre dos personas acerca de lo que acaban de ver u oír acaba en una riña acalorada? ¿Cuánto daño puede provocar una afirmación falsa que se defiende a sabiendas?

Con estos ejemplos lamentables en mente no resulta difícil reconocer que, de forma habitual, juzgamos a las personas por su relación con la verdad. Una parte fundamental de la confianza consiste en la elección cuidadosa de las palabras a la hora de describir el mundo con precisión. Si el balón pasó o no la línea de gol decide el resultado de un partido. Un acto que se considera una insubordinación o un saludable intercambio de opiniones marca la diferencia entre el despido o la continuidad en la empresa. El enorme entramado colaborativo en el que se ha convertido hoy la ciencia descansa, por entero y sin discusión, en la veracidad de los testimonios sobre el mundo que nos proporcionan los instrumentos métricos y los experimentos. En todos estos casos aparece un elemento moral, además del intelectual y sensitivo, que resulta todavía más importante cuando lo que nos jugamos es, ni más ni menos, que el descubrimiento de nuestra verdad interior. La diferencia entre un «te quiero» dicho con sinceridad o con hipocresía puede determinar la felicidad o la desgracia de toda una vida.

El carácter moral de las personas, en este sentido, está vinculado con nuestra capacidad intelectual. De ser felices, lo seremos como entes que piensan y conocen, y no de otra forma. No cabe negar que el ser humano vive en el reino de la verdad, ni que la correspondencia entre los pensamientos y el ser de las cosas es clave. De hecho, es el asunto más trascendental de todos.

Esta afirmación certera sobre la verdad se aparta de la cultura que prevalece en la modernidad secular, por mucho que se ufane de su racionalismo. Sin embargo, esta racionalidad de la que presume no es más que instrumental, porque el poder de la inteligencia se emplea como una herramienta para cumplir la voluntad y satisfacer los apetitos. Esta característica de la modernidad es evidente en la cultura artística y en el uso de la tecnología, esferas del mundo actual que tienden a converger a gran velocidad. El consumo de productos de entretenimiento, a través de dispositivos tecnológicos más que en persona y en directo, suele considerarse neutral, como una simple búsqueda de estímulos, sin relación con el contenido o las verdades implícitas que supongan.

Hoy en día es muy frecuente que nos veamos expuestos a ideas y prestemos atención a su desarrollo dramático sin evaluar si son verdaderas o falsas. Hace mucho que san Agustín percibió esta posibilidad, y lamentó los estímulos que él mismo solía recibir en el teatro. Por descontado, una expresión artística no equivale a un discurso científico o filosófico, y no siempre se puede resumir en afirmaciones simples. No obstante, el arte expresa una perspectiva sobre la verdad, y nos haríamos un flaco favor si buscásemos únicamente las experiencias emotivas que evocan una narración, una catedral gótica o una escultura clásica sin preguntarnos si están comunicando algo verdadero sobre la naturaleza humana, sobre nuestras relaciones o sobre Dios.

La racionalidad en sentido pleno no trata del poder, sino de la verdad; la plenitud de la razón no consiste en manipular las ideas para estar más cómodos o para paliar por unos instantes el aburrimiento. Pretende aprehender la realidad, entender las cosas tal y como son y conocer y decir lo que es verdad. Incluso en las ciencias seculares, las verdades acerca de la realidad física la sobrepasan, en cierto sentido, y pueden elevar la atención hacia una verdad más alta y trascendente, al origen de todas las verdades, que es la Verdad en sí.

También la fe cristiana afirma verdades. El culto no es una mera práctica terapéutica y, de producir ese efecto, lo hará solo en las almas de quienes se tomen en serio sus doctrinas. Una de las características de la modernidad es su tentación de desdeñar las verdades como simples opiniones, y esto ha infectado incluso a las personas que viven con sinceridad la religión, hasta el punto de que describen sus creencias como «personales» o «privadas», y las consideran un asunto sentimental y emocional, y no tanto una proclamación de la verdad de las cosas. Es cierto que las creencias religiosas se viven personalmente y dan forma a los afectos, pero solo cuando se toman en serio como expresiones de la verdad. Dios existe. Dios te ama. Él te ha mostrado el Camino de la salvación. Son afirmaciones drásticas que, si no fuesen *verdaderas*, no tendrían sentido, ni personal ni de otra clase.

La sed de verdad de san Agustín

Benedicto XVI

De niño había aprendido de su madre, santa Mónica, la fe católica. Pero siendo adolescente había abandonado esta fe porque ya no lograba ver su racionalidad y no quería una religión que no fuera también para él expresión de la razón, es decir, de la verdad. Su sed de verdad era radical y lo llevó a alejarse de la fe católica. Pero era tan radical que no podía contentarse con filosofías que no llegaran a la verdad misma, que no llegaran hasta Dios. Y a un Dios que no fuera sólo una hipótesis cosmológica última, sino que fuera el verdadero Dios, el Dios que da la vida y que entra en nuestra misma vida.

De este modo, todo el itinerario intelectual y espiritual de san Agustín constituye un modelo válido también hoy en la relación entre fe y razón, tema no sólo para hombres creyentes, sino también para todo hombre que busca la verdad, tema central para el equilibrio y el destino de todo ser humano[1].

Preguntas para la reflexión

- ¿Cultivo el deseo, no solo de experimentar, sino de conocer y comprender la naturaleza de las cosas y de aprehender su verdad?

- En mis conversaciones, ¿me esfuerzo por ser preciso y por escoger bien las palabras para

---

[1] Benedicto XVI, «San Agustín de Hipona (3)», audiencia general, 30 de enero de 2008.

comunicar con claridad los conceptos y las verdades que trato de exponer?

- Cuando veo una película o leo una novela, ¿voy más allá de la valoración sobre las emociones que transmiten y me pregunto por su grado de verdad?

15.
RAZONABLES

La prudencia es fuente de vida.

[Proverbios 16, 22]

RAZONAR SOBRE LA RAZÓN es como leer sobre la lectura, y suena paradójico, ya que, si lo estás haciendo, es que puedes hacerlo, y si no, ¿para qué intentarlo?

Sea como fuere, hace más de setenta años, Mortimer Adler escribió un ensayo titulado *Cómo leer un libro*, de éxito prolongado y gran utilidad. Encontró su audiencia porque muchos lectores, que sabían leer en sentido estricto, también eran conscientes de que no lo hacían con la profundidad que les gustaría, extrayendo todo el contenido, y desconfiaban de que estuviesen cumpliendo lo que Adler señaló sobre la lectura: «Es una herramienta básica para vivir una buena vida»[1].

La recomendación de Adler subrayaba que la buena lectura es activa, no un proceso mental de registro de información procedente de un libro, sino un

---

[1] Mortimer Adler, *Cómo leer un libro*. Debate. 2001.

fortalecimiento del intelecto propiciado por la lectura. Los libros que merecen la pena no se limitan a suministrar datos; aportan sabiduría o, al menos, ideas que vale la pena analizar, y que requieren de un esfuerzo de discernimiento para ser procesadas. Adler sugería varias reglas para convertirse en un lector activo, basadas en las distintas operaciones que realiza el cerebro, y que pueden resumirse en tres hábitos concretos. El primero, al que llamo lectura estructural o analítica, consiste en tomar el libro como un todo y preguntarse sobre su tema, en general, y sobre su organización. La segunda clase de lectura, interpretativa o sintética, valora lo que dice sobre su tema concreto y la defensa que hace de sus postulados. En el tercer tipo, crítico o evaluativo, es el lector quien se cuestiona si el libro expone o no la verdad.

Siguiendo a Adler, lo central de la lectura es la comprensión, y por esos sus consejos tratan, en realidad, del razonamiento. Sea en una conversación, en una reflexión personal o en cualquier otro intento de alcanzar una comprensión racional, siempre hay que analizar, interpretar y evaluar. Si pretendemos resolver un problema, primero identificaremos el asunto general y después detallaremos su naturaleza específica y su alcance. Para que una propuesta tenga sentido antes debemos entender de qué trata, a continuación comprender sus detalles y por último juzgar su valor.

Estas operaciones mentales, cotidianas e indispensables, exigen razonar, que es pasar de una verdad a otra con el intelecto. En su forma típica, en un discurso al que se llama silogismo, la razón nos permite demostrar la verdad de una proposición, como veremos en un ejemplo de un venerable manual de lógica. El objetivo de su autor era demostrar «que los apóstoles eran fiables al testimoniar que habían visto a Jesús resucitado de entre los muertos», y esta era la prueba:

> Todos los testigos desinteresados son dignos de confianza, los apóstoles son testigos desinteresados, luego los apóstoles son dignos de confianza[2].

Un caso interesante, por dos motivos. Por una parte, es fácil intuir el movimiento de la mente durante el discurso, en el que las premisas básicas se encuentran en las dos primeras frases: si nos convencen, entonces afirmamos, de un modo inevitable, su conclusión, que es la tercera. Además, también está claro que la fuerza del argumento está contenida en la expresión que comparten ambas premisas, y que las reúne, acerca del desinterés de los testigos. Si comprendemos que un testigo desinteresado es aquel que no gana nada mintiendo, y si estamos convencidos de que los apóstoles pertenecían a esa clase de hombres, entonces contamos con un respaldo considerable para nuestra fe. El razonamiento, por tanto, nos suministra argumentos o razones para afirmar que una determinada frase es verdadera o falsa, por una parte, y por otra ofrece respuestas a las preguntas.

Mediante el razonamiento, por tanto, aprendemos casi todo lo que llegamos a saber y defendemos la verdad de algunas de nuestras convicciones más profundas, y por eso es preciso constatar que, cuando es auténtico, resulta más noble y coherente que lo que suele venderse

---

[2] Jacques-Bénigne Bossuet, *La Logique du Dauphin* (ca. 1675; publicado en 1828).

bajo el disfraz de pensamiento crítico. Esta expresión se ha convertido en un mantra en los debates pedagógicos, en la educación primaria y en la universidad, pero también en ciertos entornos corporativos. En realidad, lo que ofrecen los cursos sobre pensamiento crítico son estrategias para reflexionar o dudar, lejos de la búsqueda de la verdad y, por supuesto, de la evaluación moral recta. Son herramientas para los escépticos astutos, que siempre encuentran una objeción o una debilidad en los razonamientos de los otros, cuando lo que hace falta ahora mismo es una mayor capacidad de pensar de forma constructiva y sintética, que es lo que permite el debate racional honesto.

Entre los argumentos más famosos elucubrados por el intelecto humano a lo largo de la historia se encuentran las cinco vías con las que santo Tomás de Aquino demostró la existencia de Dios al inicio de su gran obra, la *Summa Theologiae*. Veamos una versión simplificada de la quinta, que deduce del orden de la naturaleza la existencia de la mente que la creó, y que ya gozaba de popularidad en la época en la que santo Tomás escribía. En el siglo IV, san Gregorio Nacianceno plasmó así esta vía:

En efecto, que Dios sea la causa eficiente y conservadora de todas las cosas nos lo enseñan tanto los ojos como la ley natural: los ojos, aplicándose a las cosas visibles, que son perfectamente estables y móviles al mismo tiempo, es decir, que son como movidas y llevadas en la inmovilidad; la ley natural, deduciendo por medio de las cosas visibles y ordenadas al autor de estas. Porque ¿cómo hubiera podido existir y subsistir este universo si Dios no le hubiese dado la sustancia y le hubiese mantenido? Si uno ve una cítara ornamentada con extrema belleza, su armonía y buena disposición, u oye el sonido de la misma, no podrá sino pensar en el artesano de la cítara y en el citarista; se remontará hacia ellos con el pensamiento, aunque no les conozca de vista. Así también se nos muestra el artífice de las cosas y el que mueve y conserva lo que ha hecho, aunque no sea comprendido por el entendimiento[3].

Con su simplicidad certera, este razonamiento puede presentarse como un solo silogismo:

Todo lo ordenado está causado por una inteligencia.
La naturaleza está ordenada.
Por tanto, la naturaleza está causada por una inteligencia.

Cuando se reduce a sus términos elementales, se descubre que la fuerza del argumento depende de cómo se entienda el orden, término que posee múltiples significados, como ocurre cada vez que intervienen los filósofos. (Una definición accesible y digna de la filosofía diría que es el uso preciso, y por amor al conocimiento, de palabras que admiten distintos sentidos). Ya pensemos en el orden espacial, en el temporal o en el causal, comprendemos que la naturaleza está ordenada, y no pretendemos encontrar un albatros en Nebraska o un oso gris en Nueva York. En el hemisferio norte no nieva en julio, excepto tal vez en Alaska, y los conejos comen lechuga, y no al revés. La primera premisa puede resultar más difícil, pero si reflexionamos sobre la

---

[3] San Gregorio Nacianceno, *Los cinco discursos teológicos*, trad. José Ramón Díaz Sánchez–Cid, Ciudad Nueva, 1995.

experiencia humana, vemos que el orden y la regularidad tienen su origen en la conducta voluntaria, más que en el impulso de los apetitos sensibles. En la construcción de un edificio, en la enunciación de una frase e, incluso, en un paseo por los alrededores, la que ordena las acciones es la mente.

La clave del argumento reside en que somos conscientes de que los conejos no piensan sobre la comida, ni los osos o los albatros sobre dónde vivir o la nieve sobre dónde caer. Actúan según un patrón que debe emanar de una inteligencia que pone orden en sus acciones. Y esa mente es la de Dios.

En este punto, dos trenes del pensamiento circulan en sentidos opuestos. Uno, que podría ser el más reflexivo, diría algo así: *Qué argumento más atinado, por su simplicidad aparente y por la genialidad de su conclusión. Es cierto que el mundo es un lugar hermoso y ordenado, y no cabe concebir su pulcritud más que como el producto de la mente, la mente del Dios que dio el ser a todo el universo desde la nada, con el único fin de compartir su bondad con sus criaturas.*

El segundo frunce el ceño, y se plantearía lo siguiente: *Quiero aceptar el razonamiento, me parece que tiene sentido, siempre y cuando las premisas sean ciertas. Pero me cuesta admitirlas porque he oído a mucha gente decir que el mundo es fruto de la casualidad, y que el orden de los seres vivientes es el resultado de un proceso evolutivo fortuito, que sigue adelante por la mera selección natural.*

Ambas secuencias de pensamiento son, a su manera, sensatas. Comencemos por estudiar la segunda. Santo Tomás reveló algo sobre la forma en la que aprendemos que debería iluminarnos y darnos consuelo a este respecto. «Para comprender es preciso que aquello que escucha el hombre le sea connatural para que pueda grabarse en su mente. Por eso el hombre necesita tiempo para que su intelecto confirme lo que ha recibido por la meditación»[4]. En otras palabras, para comprender y convencerse de un principio como «la naturaleza es ordenada» no basta un instante, y puede ser la labor de toda una vida.

Al decir, acertado, de Gabriel Marcel, en filosofía se abusa de la metáfora del viaje, y en su lugar propone que la búsqueda de la verdad se compare con la labor de un jardinero. «Desbrozar el terreno, donde los buenos resultados nunca son definitivos. Siempre existe el riesgo de que las malas hierbas se multipliquen en los surcos arados con tanto esfuerzo, o de que las plagas de insectos amenacen a las cosechas futuras», motivo por el que el filósofo debía someter su trabajo a «una vigilancia constante, que no puede relajar si no quiere poner todo en peligro»[5].

El razonamiento no se acaba con las reglas formales de demostración de la lógica deductiva, porque depende de ciertos principios que no pueden demostrarse; uno de los errores de principiante de la filosofía es pensar que todo puede probarse. Como en la ciencia, el aspecto más ingrato de la filosofía es el descubrimiento de las verdades mediante respuestas indirectas. La formulación de una hipótesis es obra de la razón, igual que lo es su comprobación mediante el estudio dialéctico. No solo se identifican

---

[4] Santo Tomás de Aquino, *Comentario a la* Ética a Nicómaco *de Aristóteles*, EUNSA, 2010.

[5] Gabriel Marcel, *Homo Viator*, Sígueme, 2005.

las formas silogísticas, sino que se imaginan ejemplos y contraejemplos, se disciernen las analogías y metáforas, se prueban relatos alternativos y se escudriñan otras perspectivas. También es un acto de la razón saber cuándo es apropiado buscar una prueba y cuándo las circunstancias obligan a hallarlas en la tradición y la autoridad, en la sabiduría convencional o en las indagaciones conjuntas.

Hoy debemos ser más conscientes que nunca de que no llegaremos a la verdad del conocimiento de Dios por un encuentro casual o por una iluminación heredada de pronto. Para comprender la naturaleza de las cosas y para defender con la razón nuestras convicciones hemos de esforzarnos. La paz que se alcanza con la filosofía y la razón solo llega por una actitud vigilante, que en gran medida depende de la sujeción de los apetitos y los sentidos, para que la mente se libere de las ilusiones vanas y resulte apta para captar el auténtico ser de las cosas. El intelecto es una lente delicada que, para recibir la iluminación —según la metáfora de Platón— debe preservarse de ralladuras.

Estos motivos llevan a pensar que el primer tren, el que acoge el razonamiento de la inteligencia divina, no se equivoca. De hecho, este argumento es perfectamente válido y sus premisas ciertas, pese a que comprenderlos pueda llevarnos una vida entera de reflexión. (Una defensa más adecuada de esta vía exigiría un libro más extenso y notablemente más complejo que este)[6]. No es de extrañar: al fin y al cabo,

---

[6] Recomiendo la lectura de Michael Augros, *Who Designed the Designer? A Rediscovered Path to God's Existence* (San Francisco: Ignatius Press, 2015).

la inteligencia humana tiene las proporciones de sus herramientas —los sentidos en general, y las manos en particular—, y su misión fundamental es mantenernos con vida mediante lo que podemos llamar, generalizando, las artes o la tecnología. En esta línea, nos resulta más sencillo resolver problemas relacionados con la compra de un automóvil o con el ensamblaje de un escritorio de Ikea. Probar la existencia de Dios o la inmortalidad del alma nos empuja más allá de los sentidos, un esfuerzo alejado de lo cotidiano y de los razonamientos simples. La conclusión que conseguiremos probar es tan valiosa y significativa que cabría desconfiar de un argumento sencillo. Tampoco un ateo superficial logrará desmontarla, por mucho que lo intente. Los sabios que nos han precedido, y que se nos presentan como maestros y modelos, nos ofrecen sus conocimientos como un camino que seguir. Tal vez nos lleve décadas de esfuerzo vigilante entender sus argumentos, pero solo ese afán nos hará más razonables.

El pensamiento de Dios

John Henry Newman

Debo empezar diciendo que la felicidad del alma consiste en el ejercicio de los afectos; no en los placeres sensuales, no en la actividad o las excitaciones, no en la autoestima, ni en la conciencia de las propias fuerzas, ni siquiera en el conocimiento; en ninguna de estas cosas reside nuestra felicidad, sino en que nuestros afectos se vean correspondidos, empleados y alimentados. Así como el hambre y la sed, los sentidos del tacto, olfato y gusto son los canales por los que nuestra estructura corporal recibe el placer, así son los afectos instrumentos por los que el alma experimenta el placer. Cuando estos afectos se ejercitan debidamente, nos hacen felices; cuando se hallan subdesarrollados, reprimidos o frustrados, más bien nos procurarán infelicidad. Ese es nuestro real y verdadero destino: no reside en conocer, experimentar o anhelar, sino en amar, esperar, disfrutar, admirar, reverenciar y adorar. Nuestro real y verdadero destino reposa en la posesión de aquellos objetos en que nuestro corazón pueda quedar descansado y satisfecho.

Ahora bien, si esto es así, tenemos una buena razón para decir que el pensamiento de Dios, y solo él, es la felicidad del hombre, visto que aun cuando haya muchas cosas que puedan servir de objeto al conocimiento, de espoleta a la excitación o de motivo para la acción, los afectos exigen algo mucho más vasto y duradero que cualquier cosa creada. Lo nuevo y súbito excita, pero no ejerce influencia; lo útil o placentero no asombra; uno se inspira poca reverencia a sí mismo y el mero

166

conocimiento no enciende el amor. Solo el Creador de ese corazón será capaz de llenarlo[7].

Preguntas para la reflexión

- ¿Estoy leyendo este libro con atención y energía, tratando de seguir con mi intelecto el movimiento de la razón que contiene?

- ¿Encaro las objeciones contemporáneas a la doctrina de la Iglesia y a las verdades de la naturaleza con paciencia y esperanza, y recuerdo que no escasean los razonamientos favorables a mis convicciones más profundas, aunque yo mismo no los domine?

- Cuando busco y cultivo la verdad, ¿soy complaciente o vigilante?

---

[7] John Henry Newman, *Sermones parroquiales V*, trad. Victor García Ruiz, Encuentro, 2011.

16.
DECIDIDOS

Principio de toda obra es la palabra,
y antes de toda acción está el consejo.

[Eclesiástico 37, 16]

¡RÁPIDO, DECÍDETE! ¿Qué has pensado?

Esta pregunta no es justa, porque antes de tomar una decisión debemos saber de qué trata. ¿Vamos a comprar una casa o solo estamos planificando qué comeremos hoy? ¿Dudamos sobre qué ponernos para una fiesta o queremos dar un giro a nuestra carrera? Antes de tomar partido, tendremos que informarnos de lo que nos jugamos y de las opciones que se nos presentan.

Incluso comprender un problema y sopesar las posibles soluciones es demasiado simple. La toma de decisiones involucra a la atención y exige una energía mental notable, y solo hacerse cargo de un problema ya pone en juego la conciencia, la imaginación, la percepción, la experiencia y la razón. Antes de solucionar algo podemos incluso escoger cómo formulamos la cuestión, y las distintas opciones invocan las mismas facultades —sensoriales e intelectuales— que anticiparán los resultados previsibles y reconocerán las dificultades, por no hablar de la capacidad de evaluar los costes y beneficios, tanto materiales como morales.

La reflexión sobre la toma de decisiones aparece casi al final de este libro, precisamente porque atañe a la conciencia humana en sus distintos niveles. Las decisiones, además, conllevan actos que construyen los hábitos que constituyen el carácter. Lo que elegimos determina quiénes somos, ahora y en el futuro.

La gran carga de la vida, pero también su bendición, es la potestad de elegir, el don de Dios por el que compartimos su providencia: tenemos voz y voto en el discurrir de las cosas, para nosotros y para los demás.

Teniendo en cuenta lo que está en juego no debería extrañarnos nuestra afición a demorar o evitar las decisiones. Procrastinamos. Damos vueltas. Ideamos cómo trasladar a otro la responsabilidad y, al igual que los gerentes débiles, culpamos a la burocracia de nuestros titubeos. Desde el punto de vista psicológico, la multiplicidad de opciones nos puede empujar a la parálisis y, cuando ya nos hemos inclinado por una, nos cuesta mantenernos firmes, nos abruman las dudas y nos tienta retractarnos.

La incapacidad para elegir multiplica los intentos de fortalecer esta función humana básica, y los educadores se esfuerzan por fomentar el coraje y por cultivar en los jóvenes una perspectiva más adulta. Los expertos en autoayuda aconsejan centrarse en el método más que en los fines, o nos invitan a preguntarnos quiénes queremos ser, y no qué queremos hacer. Las empresas buscan líderes decididos —y que atiendan, al mismo tiempo, a las demandas de sus colaboradores—, y la dudosa industria del liderazgo promete mejorar las destrezas de los que toman decisiones.

Con todo, no hay atajos para ser decididos, porque no se trata de un rasgo de la personalidad puro ni de una habilidad que se adquiera voluntariamente. La determinación tiene que ver con lo que en la tradición clásica rodeaba a la virtud de la prudencia o sabiduría práctica, que es el fundamento del buen juicio. Sus frutos son las decisiones pero, para que estas sean correctas, estarán precedidas por una capacidad de pensar con complejidad y por un corazón disciplinado y consciente.

Si seguimos a Aristóteles y a santo Tomás identificaremos los cuatro elementos que componen la prudencia. En primer lugar, exige un conocimiento amplio de los principios relevantes de la acción, porque no cabe ser prudente sin compartir las verdades morales eternas que deben guiar nuestros actos. En segundo lugar, la prudencia supone aplicar esa sabiduría general a las circunstancias particulares; no es lo mismo reconocer que ese objeto del suelo es una cartera que identificar el caso como un ejemplo de propiedad hallada que debe restituirse a su propietario. Además, para ser prudentes necesitaremos una voluntad bien acostumbrada o virtuosa. La persona débil tal vez asuma que esa cartera se ha perdido, y sepa en abstracto que debería devolverla, pero, si es injusta, no sentirá la inclinación de hacerlo. Le tentará despojarla de su contenido más valioso, porque solo el justo es propenso a actuar bien de antemano cuando se topa con un bien extraviado.

Por último, la prudencia supone la capacidad de razonar sobre el modo de alcanzar un fin determinado, lo que se conoce como deliberación. Con frecuencia, si faltan los demás elementos de la prudencia, el arte de la deliberación degenera en una simple astucia para satisfacer los deseos, y solo cuando la acompañan una voluntad bien orientada y el conocimiento y la aplicación de los principios morales puede decirse que es virtuosa. El asunto principal que abordaremos, por tanto, será el arte de la deliberación considerado dentro de un contexto más amplio, como la virtud de determinar los medios para alcanzar un objetivo concreto.

Cuando hemos atinado con el objeto sobre el que actuaremos y las circunstancias que lo rodean, llega el momento de deliberar acerca de las acciones que vamos a escoger, siempre con el riesgo de que esa valoración se extienda hasta el infinito. Más de una vez nos habremos sentido como Hamlet, cuando «el matiz nativo de la resolución se opaca con el pálido reflejo del pensar» y nos incapacita para decidirnos por la parálisis analítica. Para que una deliberación conduzca a una acción positiva hay que relacionar lo que tenemos delante con el fin último.

Sin embargo, si lo que nos hace decidirnos es la visión de ese fin, surgirá un problema adicional, porque la meta —el amor a Dios y al prójimo— casi nunca se presenta de un modo tan directo. De hecho, lo habitual es que nos cueste encuadrar la decisión según ese amor, y ahí es donde interviene la parte racional de la prudencia. Una forma de considerar el razonamiento práctico consiste en desmenuzar en silogismos o frases un medio hasta el fin último, de forma que cada argumento añada o reste motivos para actuar de un modo u otro.

Veamos un ejemplo. Te han invitado a la boda de la hija de un buen amigo, y dudas sobre si tomarte una copa de champán en su honor y el de su esposo. Puede parecer un caso caprichoso, ya que los buenos hábitos o virtudes convertirían la decisión en algo casi automático. Sueles tomar vino en momentos determinados, por las razones correctas y en la cantidad adecuada, y también acostumbras a dar las gracias y a ser amable. Sin dudarlo más, puedes aceptar esa copa, elevarla y brindar.

Todo es correcto; en esta acción casi instantánea está implícito un razonamiento práctico que podría desarrollarse así: te gusta le vino, y lo que tienes delante es una copa. Ya tienes un motivo para actuar, que es tu sed y el placer que ofrece esa bebida. Conoces la posibilidad de excederse, pero en una copa, a su momento debido y por los motivos adecuados, rige la templanza. De hecho, la ocasión es especial, y les debes a tus amigos la alegría por el matrimonio de su hija. Para incrementar el disfrute de la compañía participas en un brindis como un acto de amistad, manifestación de justicia y amor, que son precisamente las cualidades a las que sirve la templanza, una virtud más personal. Puedes acordarte incluso de Jesucristo, que intervino por intercesión de su madre en la celebración de las bodas de Caná, de tal forma que, al levantar esa copa para felicitar a los recién casados, des también gracias a Dios.

Vemos aquí el orden de los bienes, desde los privados y sensitivos hasta los espirituales, que apuntan desde el bien común hasta el amor a Dios, que es el supremo. A su modo, limitado, una copa celebrativa se convierte en un acto de alabanza y de agradecimiento. Este caso imaginario de razonamiento práctico termina bien porque nos lleva a decidirnos por una acción agradecida y pacífica. Por descontado, no es preciso analizar así cada acto cotidiano para vincularlo al amor a Dios como su fin último y, en el caso del brindis, solo articularíamos esta línea de pensamiento si nos encontrásemos, por ejemplo, con un

impedimento. Tal vez nos distraigan las preocupaciones
—una obligación laboral pendiente, una enfermedad— y
no tengamos ánimo para celebrar: de ser así, una breve
reflexión nos ayudará a tomar perspectiva y a centrarnos
de nuevo en las obligaciones del momento.

Aunque no se exprese conscientemente, lo esencial
es que nuestras acciones sean conformes con lo que in-
dicaría la razón si lo hiciese. Con un corazón bien afinado y una mente clara, que conocen lo que es bueno
para nosotros, nuestros actos casi siempre serán acerta-
dos, pese a que la razón se repliegue hacia lo incons-
ciente. Ese es el poder de la virtud, y sobre todo el de la
sabiduría práctica, de la que el mundo ignora los engra-
najes y mecanismos que mueven el pensamiento, pero
observa los actos bondadosos, determinados y atentos.

El brindis en la boda, un ejemplo sencillo de determinación, señala los principios más relevantes que intervienen en los actos, incluso en aquellos tan relevantes
y decisivos que dan un nuevo curso a nuestras vidas,
como el matrimonio. El reto de discernir una vocación,
en el fondo, consiste en decidirse. Contamos, sin duda,
con que Dios nos guíe y nos muestre el camino, pero
no puede hacerlo sin nuestra participación en la toma
de decisiones. También es cierto que podemos vivir la
vocación o «llamada» con la conciencia de haber sido
elegidos, y no como una elección individual; no obstante, solo se resolverá en nuestra voluntad, con nuestra
disposición para responder y con la determinación de
atender a la voz de Dios. El sí de María es una rendición
que acoge, a la que acompañan el discernimiento y la
determinación, posibles gracias a una vida ordenada deliberadamente hacia Dios.

174

A estas alturas puede que sientas el impulso de protestar, aduciendo que está bien analizar las razones por las que actuamos, sea internamente o, con más frecuencia, con el respaldo del consejo de un amigo que nos ayude a profundizar, pero lo más difícil sigue siendo ejecutar ese acto. La queja es atinada, porque la sabiduría práctica o prudencia es una virtud híbrida. Hemos hablado de lo que supone para la razón, pero no olvidamos que también nos lleva a actuar, lo que implica a la voluntad.

Como ocurre con el apetito racional, la voluntad se oculta muchas veces a nuestra vista. Aunque no dudamos de su existencia, sabemos que no nos empuja con la misma fuerza que, por ejemplo, las ganas de comer. Cada vez que elegimos actuar en contra de las apetencias —por ejemplo, cuando nos quedamos despiertos para completar una tarea o cuando ayunamos en Viernes Santo—, nuestra voluntad se anota una victoria. Y, al contrario, si tenemos claro cómo actuar pero no lo hacemos, la voluntad carga con el peso de la derrota[1].

Como seres sociales, es natural y correcto que amigos y autoridades fortalezcan nuestra voluntad. Sobre todo en la toma de decisiones complejas debemos transformar esa conversación interna que tendríamos con nosotros mismos en una real, con alguien que pueda aconsejarnos o transmitirnos una perspectiva distinta, animándonos. El hecho de verbalizar las dificultades ayuda a clarificarlas

---

[1] En Steven J. Jensen, *Living the Good Life: A Beginner's Thomistic Ethics* (Washington, DC: Catholic University of America Press, 2013) se detalla de un modo excelente el ejercicio de la voluntad y se presenta de un modo fantástico la vida virtuosa.

y a ordenar los pensamientos, y las personas prudentes no rechazan ni los consejos ni las advertencias, sino que los buscan, fortaleciendo también la voluntad gracias a los demás, sea mediante el impulso de un amigo o mediante el consejo de Dios en la oración.

El camino, sembrado de obstáculos y de decepciones amargas, que lleva a una voluntad más fuerte no termina en esta vida. Pese a todo, hay una buena noticia, y es que Dios nos creó libres e inclinados al bien. Desde el momento en el que nos da la vida, nuestra voluntad ya está en movimiento, y el impulso que recibe de Dios la orienta para que se reúna de nuevo con Él. Si el alma es la vida del cuerpo, Dios es la vida del alma, y su gracia actúa en lo más profundo, inspirándonos incansablemente para que reconozcamos el bien y lo escojamos. La libertad es un don inigualable, y la gracia de Dios no obliga, sino que fortalece, afila y dirige al alma en la capacidad innata de elegir. Confiar en su gracia no supone verse absueltos de la toma de decisiones, más bien al contrario. Al decir de san Ireneo de Lyon, «la gloria de Dios es el hombre vivo» (*Gloria enim Dei vivens homo*) y, si viviese hoy, añadiría que el Creador pudo convertirnos en marionetas o robots, pero no fue eso lo que deseó. Dios nos creó para que viviésemos, esto es, para que descubriésemos las acciones correctas y las realizásemos. Cuando nos fiamos de los consejos de un amigo fiel y descansamos en la providencia divina nos transformamos en hombres y mujeres decididos, que buscan esperanzada y conscientemente el bien que se nos presenta a diario y que ordenan sus actos —por triviales que resulten en sí— hacia la gloria de Dios y la salvación de las almas.

Confiar en la providencia de Dios

John Henry Newman

Dios me ha creado para que le preste un servicio definitivo: me ha asignado una tarea, a mí y a nadie más. Tengo mi misión, y puede que la ignore durante esta vida, pero la conoceré en la venidera. De alguna forma, soy necesario para sus propósitos, tan necesario en mi sitio como un arcángel en el suyo, aunque si caigo Dios puede elegir a otro, como puede convertir a las piedras en hijos de Abraham. Aun así, formo parte de su gran obra, soy un eslabón de la cadena, un vínculo que conecta a las personas. No me ha creado para nada.

Debo hacer el bien. Debo hacer su obra. Seré un ángel de paz, un predicador de la verdad en mi entorno, aunque sea sin pretenderlo, guardando sus mandamientos y sirviéndolo en mi estado.

Por lo tanto, confiaré en él. Dónde esté y cómo esté, nunca quedaré abandonado. Si estoy enfermo, que mi enfermedad le sirva; si estoy desconcertado, que mi desconcierto le sirva; si estoy triste, que mi tristeza le sirva. Mi enfermedad, mi desconcierto o mi tristeza pueden ser la causa de un fin mayor, que me sobrepasa. Él no actúa en vano. Puede alargar mi vida, puede acortarla. Él sabe lo que hace. Puede llevarse a mis amigos, puede arrojarme entre extraños. Puede hacer que me sienta abatido, que mi espíritu sucumba, ocultarme el futuro, y seguirá sabiendo lo que hace.[2]

---

[2] John Henry Newman, *Everyday Meditations* (Manchester, NH: Sophia Institute Press, 2013), 8-9.

- ¿Me paralizo pensando demasiado al tomar decisiones?

- ¿Busco consejo de forma habitual entre mis amigos o mis personas de confianza, que pueden ayudarme a encaminar mis actos a su fin último, el bien más elevado, que es el amor a Dios y al prójimo?

- ¿Pido a Dios su gracia antes de decidir o comenzar algo importante, convencido de que sus únicos deseos consisten en que yo sea eternamente feliz y en el bienestar y la salvación de aquellos a quienes sirvo?

17.
SABIOS

> Aquel a quien todas las cosas le fueren uno,
> y trajeren a uno, y las viere en uno,
> podrá ser estable y firme de corazón,
> y permanecer pacífico en Dios.
>
> [Tomás de Kempis, *La imitación de Cristo*, I.3]

«SABIDURÍA» ES UNA PALABRA interminable, porque su realidad es múltiple; hay sabiduría que tiene que ver con asuntos superiores a las elecciones cotidianas, como las discusiones de los filósofos acerca de la causa última de todo, o el discernimiento de los teólogos sobre el mejor modo de expresar las relaciones entre las tres personas de la Santísima Trinidad. Existe otra sabiduría, por el contrario, de una utilidad extrema, que es la del juez que dicta sentencias justas contra los culpables de crímenes, o la del entrenador que corrige y guía a sus atletas para que alcancen la excelencia.

Es difícil describir las cumbres de la sabiduría humana sin encontrarse en ellas, pero sabemos reconocerlas cuando las vemos. Aristóteles dijo que el hombre sabio es el que posee un conocimiento amplio, sobre todo de lo complejo y valioso, que lo conoce con precisión y que puede enseñarlo a otros porque —esto es importante– tiene autoridad. La sabiduría es el conocimiento que ordena. John Henry Newman describió las características del intelecto cercano a la sabiduría:

> Cuando el intelecto se ha formado y adiestrado para ver las cosas en relación, mostrará su capacidad con mayor o menor eficacia según sus características particulares y las del individuo. En la mayoría se manifiesta bajo la forma del sentido común, la sobriedad de pensamiento, la sensatez, la sinceridad, el autodominio y la coherencia, que son sus rasgos. En otros, habrá contribuido a desarrollar el talento para los negocios, para influir a otros o para ser sagaces. También los hay que gozan del talento de la especulación filosófica y llevan su intelecto hasta la excelencia en este o aquel campo. En todos, supone la capacidad de abordar con una facilidad relativa cualquier cuestión intelectual y la aptitud para toda ciencia o profesión[1].

Todo esto puede decirse de la sabiduría, y queda aún otra distinción, según el origen. Los tipos de sabiduría mencionados pueden adquirirse por el estudio o la experiencia, y también recibirse «de lo alto» (Santiago 3, 17) como el mayor don del Espíritu Santo. Esta sabiduría sobrenatural, que comprende la humana, es la que nos interesa ahora.

Con el don de la fe recibido por el bautismo, y con la «gracia sobre gracia» (Juan 1, 16) posterior, nos encontramos ahora en algún punto del camino para «renovar el espíritu de nuestra mente» (Ef 4, 23). «Hemos sido enseñados conforme a la verdad de Jesús» (Ef 4,

---

[1] John Henry Newman, *La idea de la universidad*, Encuentro, 2014.

180

21), con la que deseamos conformar pensamientos y deseos. Pero ahí radica una gran dificultad: el intelecto nos dice que somos criaturas, y la mente de Jesús es la de un Dios omnipotente y eterno. Sus pensamientos no se miden con los nuestros; ocurre al contrario, y eso nos hace preguntarnos cómo escalar esa montaña sagrada. Para aprender las cosas de Dios hemos de encontrar a quienes puedan enseñarnos a recibir la inspiración del Espíritu Santo. La sabiduría se adquiere en la escuela de los santos, que muestran cómo pensar y amar igual que Jesús.

Un modelo adecuado de sabiduría del siglo XX es el de santa Teresa Benedicta de la Cruz, la filósofa–mártir carmelita Edith Stein, a quien Juan Pablo II propuso como «ejemplo elocuente de renovación interior»[2]. Esa ejemplaridad en la vida interior nos es útil porque en ella descubrimos cómo los dones del Espíritu Santo integraron la excelencia de la virtud moral e intelectual y la estudiosidad para transfigurarlos más adelante. Edith Stein fue educada en una familia judía del este del imperio germánico a comienzos del siglo XX. Siendo una joven melancólica y brillante que había perdido la fe en Dios en la niñez, se dedicó a estudiar desde un punto de vista académico la observancia religiosa de su devota madre. Se convirtió en filósofa —logro infrecuente para una mujer en esa época— y, por la gracia de Dios, se vio rodeada de unos compañeros de estudios que le hicieron replantearse las cuestiones metafísicas, en apariencia postergadas por todos durante el siglo anterior.

---

[2] San Juan Pablo II, Homilía en la canonización de Edith Stein, 11 de octubre de 1998.

Ejerció de enfermera voluntaria en la Gran Guerra por patriotismo, pero las dudas profundas que se le habían abierto le llevaron a seguir estudiando y reflexionando. Y Dios, siempre atento, siempre generoso, se acordó de su hija y la atrajo hacia sí, dando tres tirones impetuosos al hilo de su vida.

La primera gracia de la conversión de Edith Stein le llegó en casa de una cristiana evangélica, viuda de guerra de uno de sus mentores. Cuando Stein fue a consolarla por la pérdida de su esposo, vio cómo cambiaban las tornas y era la esposa quien la reconfortaba a ella:

> Fue mi encuentro inicial con la Cruz y con el poder divino que otorga a quienes la llevan. Por primera vez veía ante mí a la Iglesia, nacida del sufrimiento de su redentor, triunfante sobre el aguijón de la muerte. Ese fue el momento en el que mi incredulidad sucumbió y Cristo resplandeció: en el misterio de la Cruz[3].

Edith, abandonado el ateísmo, continuó su viaje hacia Cristo, pero permaneció fuera de la Iglesia, por el momento, hasta que una visita a un buen amigo la acercó un paso más. A solas en la biblioteca de la casa, Stein descubrió a santa Teresa de Jesús en las páginas de su autobiografía, y supo de inmediato que había encontrado una hermana, una madre y una familia espiritual. Desde esa tarde, decidió que se haría católica.

El tercer tirón del hilo fue su pasmo ante el don de la Eucaristía, gracias a la experiencia sencilla de ver a un

---

[3] Waltraud Herbstrith, *El verdadero rostro de Edith Stein*, Encuentro, 1990.

desconocido hacer la visita al Santísimo Sacramento. «En la sinagoga, como en los templos protestantes que conocía, las personas solo entraban para los servicios. Pero ahí había alguien que se acercaba a la iglesia vacía, en medio de una jornada de trabajo, como para hablar con un amigo. Nunca he podido olvidarlo»[4]. En cada uno de esos momentos definitorios de su conversión, Stein recibió la gracia a través de las vidas de tres cristianos dóciles a las inspiraciones del Espíritu Santo. La modestia de sus actos —las palabras de consuelo de Anna Reinach, la elección de los libros de Hedwig Conrad–Martius y el gesto de amor a Jesús en el tabernáculo de un desconocido— no deberían hacernos minusvalorar su significado, porque todos fueron una manifestación de sabiduría, nacidos de unas mentes atentas a las cosas de Dios.

Dios tenía más planes para Edith Stein, receptora de esas gracias. Tras su bautismo vivió en el mundo, soltera, formando para la enseñanza a unas dominicas mientras seguía estudiando filosofía y buceaba en las obras de santo Tomás de Aquino y de Newman. Su correspondencia con sus antiguas alumnas revela que fue una docente de talento, cuya sabiduría ya destacaba. Anima comprobar la humildad de esas dominicas, que no dudaban en pedir consejo espiritual a una carmelita, cristiana desde hacía pocos años, como si sintiesen que Dios ya actuaba en su intelecto y su corazón para acercarla al grado más elevado de la caridad, que es el verdadero origen de la sabiduría.

---

[4] Ibíd., 63.

Podemos ver esta sabiduría y caridad en una carta que envió santa Teresa Benedicta de la Cruz a una joven que se dirigía a ella en un momento de frustración y tristeza.

Querida Annelise –comenzaba–, Dios nos lleva a cada uno de forma individual; hay quien alcanza la meta con más facilidad y rapidez que otros. Poco podemos hacer, comparado con lo que se hace en nosotros, pero eso poco debemos hacerlo. En primer lugar, y por encima de todo, perseverar en la oración para hallar el camino correcto y seguir sin resistencias la atracción de la gracia cuando la sintamos. Quien actúa así y persevera con paciencia no dirá que sus esfuerzos son en vano. Pero nadie puede ponerle fechas al Señor…

Obviamente, no es un asunto menor que vuelvas [al colegio]. Eso es lo que han decidido para ti, y tú no tienes responsabilidad en ello. Haz todo lo que puedas y rinde cuentas con regularidad a tus padres, para que no se sorprendan luego si las cosas van mal… Entonces hablaremos del futuro. ¿Tienes, entre tus libros infantiles, los *Cuentos de hadas* de Andersen? Si es así, lee el del patito feo. Yo creo en tu destino de cisne, pero no lo exhibas contra otros, que aún no lo han descubierto, y no te permitas la amargura. No eras la única que yerras día tras día, nos ocurre a todos. Pero el Señor es paciente y rebosa misericordia. En la domesticidad de su gracia recurre también a nuestras faltas si las ponemos en el altar para él. *Cor contritrum et humiliatum Deus non despicies.* Este es uno de mis versículos preferidos[5].

____

[5] Santa Teresa Benedicta de la Cruz, *Obras completas I. Escritos autobiográficos y cartas.* Monte Carmelo 2002.La cita en latín procede de Salmos 51, 17: «Un corazón contrito y humillado tú, Señor, no lo desprecias».

Estas tiernas palabras de consuelo y de consejo son una ventana a la interioridad de una santa, y en pocas líneas entendemos la amplitud de la sabiduría cristiana: conocimiento de las cosas de Dios obtenido por el estudio, capacidad para aconsejar, atesorada tras una gran experiencia y un sufrimiento padecido por amor a Cristo, y sensatez para aplicar el remedio correcto, ganada con la oración atenta al Espíritu Santo. También es una sabiduría de lo cotidiano, práctica y eficaz, de la que ayuda a alcanzar la paz en la mente, siendo además agentes de paz para los demás.

Si alguno de vosotros está a falta de sabiduría,
que la pida a Dios, que da a todos generosamente
y sin echarlo en cara, y se la dará (Santiago 1, 5).

Salomón implora sabiduría

Cfr. Sabiduría 9, 1-6; 9-10

Dios de los Padres, Señor de la misericordia, que hiciste el universo con tu palabra, y con tu Sabiduría formaste al hombre para que dominase sobre los seres por ti creados, administrase el mundo con santidad y justicia y juzgase con rectitud de espíritu, dame la Sabiduría, que se sienta junto a tu trono, y no me excluyas del número de tus hijos. Que soy un siervo tuyo, hijo de tu sierva, un hombre débil y de vida efímera, poco apto para entender la justicia y las leyes. Pues, aunque uno sea perfecto entre los hijos de los hombres, si le falta la Sabiduría que de ti procede, en nada será tenido.

Contigo está la Sabiduría que conoce tus obras, que estaba presente cuando hacías el mundo, que sabe lo que es agradable a tus ojos, y lo que es conforme a tus mandamientos. Envíala de los cielos santos, mándala de tu trono de gloria para que a mi lado participe en mis trabajos y sepa yo lo que te es agradable.

Preguntas para la reflexión

- ¿Tengo entre mis mejores amigos a los santos, para buscar ejemplo y pedir su intercesión?

- ¿Reconozco que hay quien depende de mí para el consejo sabio y el ejemplo?

- ¿Pido el don de la sabiduría para ver el mundo como Cristo lo ve?

18.
HUMILDES

Un corazón contrito y humillado tú,
Señor, no lo desprecias.

[Salmos 51, 17]

LA QUEJA DE SAN PABLO, «puesto que no hago el bien que quiero, sino que obro el mal que no quiero» (Romanos 7, 19), fue meditada por Jean Racine, tal vez el mejor poeta de Francia, que recitó este *Cántico* ante una audiencia real en 1694.

> ¡Dios mío, qué guerra tan cruel!
> Encuentro dos hombres en mí:
> uno lleno de amor por ti,
> desea serte fiel de corazón.
> El otro, rebelde ante tus deseos,
> me vuelve contra tu ley.
>
> Uno, todo espíritu sobrenatural,
> apegado al cielo y
> atraído por los dones eternos,
> me ordena que tenga al mundo por nada.
> El otro, en su peso portal
> me doblega, me inclina hacia el suelo.

¡Pobre de mí! en guerra conmigo mismo,
¿Dónde puedo encontrar la paz?
Quiero, pero no hago.
Quiero, pero ¡oh, gran miseria!
no hago el bien que amo,
y hago el mal que aborrezco.

Oh gracia, oh rayo saludable,
ven y une mi corazón;
doma con tu suave yugo
a este hombre que se te opone
haz del esclavizado por la muerte
un esclavo por propia voluntad[1].

Al terminar Racine, Luis XIV se inclinó hacia su esposa y le dijo: «Madame, he aquí dos hombres a quienes conozco bien»[2]. A todos nos ocurre lo mismo y, según reconoció el Rey Sol, este poema nos acerca al núcleo del autoconocimiento y la humildad, que consiste en admitir que somos culpables del pecado.

Es una labor ardua, pero tan esencial como saludable. Sin reconocer el pecado, esto es, sin ser conscientes de nuestra culpa, sin proponernos firmemente enmendarnos y sin implorar la gracia y la misericordia de Dios no progresaremos hacia la paz interior. La humildad, como enseñó san Francisco de Sales, «es el verdadero conocimiento y reconocimiento voluntario de nuestra

---

[1] Jean Racine, "Plainte d'un Chrétien sur les contrariétés qu'il éprouve au dedans de lui-même" *Cantiques spirituels* [1694] en *Oeuvres complètes*, ed. Raymond Picard (Paris: Gallimard, 1950), I:999–1000.

[2] Según el hijo del dramaturgo, en *Vie de Racine* (1747; Paris: Les Belles Lettres, 1999), 128–129.

abyección»[3]. Un acto sincero de arrepentimiento, incluso en una materia menor o un pecado venial, supone asirse con firmeza al siguiente peldaño de la escalera que nos acerca a Dios y a la paz. De nuevo, san Francisco: «En este solo acto de la confesión, practicarás más virtudes que en otro alguno»[4], lo que nos da un gran consuelo y demuestra una enorme sabiduría humana. Uno de los pasajes que más resuenan de *Mero cristianismo*, de C. S. Lewis, es su consideración del mismo problema desde el punto de vista contrario:

Hay un vicio del que ningún hombre del mundo está libre, que todos los hombres detestan cuando lo ven en los demás y del que apenas nadie, salvo los cristianos, imagina ser culpable. He oído a muchos admitir que tienen mal carácter, o que no pueden abstenerse de las mujeres, o de la bebida, o incluso que son cobardes. No creo haber oído a nadie que no fuera cristiano acusarse de este otro vicio. Y al mismo tiempo, pocas veces he conocido a alguien que no fuera cristiano que demostrase la más mínima compasión con este vicio en otras personas. No hay defecto que haga a un hombre más impopular, y ninguno del que seamos más inconscientes en nosotros mismos. Y, cuanto más lo tenemos en nosotros mismos, más nos disgusta en los demás[5].

El vicio en cuestión es la soberbia, cuyo antídoto es la humildad, por la que reconocemos y confesamos

---

[3] San Francisco de Sales, *Introducción a la vida devota*, 128.

[4] Ibíd., 101.

[5] C. S. Lewis, *Mero cristianismo*, trad. Verónica Fernández Muro, Rialp, 1995.

con sinceridad y un autoconocimiento resuelto nuestros pecados.

Esta virtud conlleva muchos beneficios, entre ellos la comprensión clara de quiénes somos y de en qué consisten, de verdad, nuestros deberes, pero el mayor de todos es la paz interior. La primera verdad de nuestras vidas es que somos criaturas nacidas de un Dios todopoderoso y omnisciente, y ejercer la humildad para aceptar que no estamos al mando es un paso, necesario y eficaz, para alcanzar la ecuanimidad. La segunda verdad es que somos criaturas caídas y, si la aceptación humilde de la condición pecadora nos lleva a perdonar a otros de corazón, entonces caminaremos por la senda de la paz mental, como nos han enseñado los grandes maestros espirituales de todas las épocas.

En el último tramo de este recorrido por el autoexamen y la determinación hemos llegado al punto más laborioso, que es la muerte del yo que exige la humildad, y para el que nos hemos estado preparando. El orgullo o amor propio está en la raíz de todos los desórdenes y pecados, y el alma siempre necesita más humildad y caridad. El primer paso de este camino nos obligaba a reflexionar sobre nuestras acciones y nuestro deseo de comodidades, de posesiones y de goces. Un solo instante de examen sincero nos revelará que vivimos en una red de deberes y compromisos con los otros, y que en cada etapa vital vemos cómo se multiplican las relaciones y se agrandan las tareas. Son muchos los que confían en nosotros y, por amor de Dios, les debemos una custodia vigilante de nuestra libertad, de tal forma que la encaminemos por el sendero justo para que dé frutos de servicio y nobleza.

Para lograrlo, nuestras vidas sensitivas tienen que estar sanas, que ha sido la tarea de la segunda etapa de este recorrido. Los mensajes que transmite el entorno digital amenazan con distraernos de nuestros deberes, y nos tientan para que cedamos a los deseos pasajeros e irracionales. Los hábitos de uso de los medios tecnológicos, sin que importe el contenido, dan forma a los sentidos de una forma muy profunda. Si somos sinceros —esto es, humildes—, admitiremos que el móvil y los demás dispositivos y pantallas tienen poder suficiente como para distraernos, volvernos caprichosos y, en ocasiones, irreflexivos. Ante esto, es preciso tomar la decisión de ejercer dominio sobre las herramientas, para que no ocurra al contrario: los que dependen de nosotros necesitan que seamos atentos, cuidadosos, creativos y perspicaces, y que les ayudemos con nuestra experiencia. «La arrogancia precede a la ruina; el espíritu altivo a la caída», leemos en Proverbios 16, 18. Los medios digitales son muy atrayentes porque actúan sobre las dos ventanas al mundo más accesibles para la vida espiritual, que son la vista y el oído. Por mucho que nos digamos que somos inmunes a sus insinuaciones, como lo hicimos con otras tentaciones previas, ese no es el camino para la sabiduría ni para el verdadero autoconocimiento.

El tercer y último tramo ha consistido en un examen del intelecto, esa maravillosa chispa de la divinidad que todos poseemos. Nuestras mentes, a diferencia de las angélicas, no han sido creadas con conocimiento y sabiduría, y debemos ganárnoslos, a costa de esfuerzo, de estudio y de atender al Espíritu Santo con prontitud en la oración. Todo lo que contiene la mente nos ha llegado a través de los sentidos, así que, si la vida sensitiva está dañada, también lo estará el intelecto. Cuando ponemos en riesgo la vida intelectual por el abuso de los medios digitales, nuestra humanidad también está en juego. Pese a esto, la mente siempre estará abierta a la verdad, y la voluntad será libre para escoger el bien. Ahí radica la esperanza; no podemos prever el futuro, pero parece probable que el mundo en el que vivirán nuestros hijos y nietos estará aún más dominado por los dispositivos digitales y medios sociales. Para que no acaben controlándolos a ellos debemos fortalecer su mente y su corazón.

Estamos viviendo una transición enorme, un experimento social a gran escala y un cuestionamiento a fondo de las virtudes y la felicidad humanas. La sociedad aún tiene la fortuna de contar con hombres y mujeres que pueden recordar los tiempos anteriores a la revolución digital, cuando eran posibles la atención, la imaginación y la razón sin que nos tentase la conectividad continua. Casi todos reconocemos que esa tentación existe, pero no se ha explicado ni descrito lo suficiente, por lo que sigue haciendo falta el trabajo de psicólogos, neurocientíficos, sociólogos y teóricos del conocimiento que, esperemos, sea de ayuda para que las generaciones futuras puedan sortear las complejidades del ecosistema digital. Por nuestra parte, hemos tratado de presentar algunos de los principios e ideas de las tradiciones clásica y cristiana sobre la sabiduría acerca de la naturaleza humana. Y lo hemos hecho convencidos de que, si nosotros y nuestros hijos queremos utilizar para el bien las nuevas herramientas de esta época, conservando una mente lúcida y poderosa, gracias a unos sentidos sanos y atentos y a una vida moral ordenada, entonces es preciso que corrijamos los hábitos de uso de esos dispositivos y que cultivemos la sabiduría. El amor a Dios y al prójimo nos llaman al autoconocimiento y al autodominio. Confiamos en que Dios nos otorgará las gracias precisas para conseguirlo, pero depende de nosotros recibirlas con un corazón humilde de hijos.

En el fuego se purifica el oro, y los aceptos a Dios
en el honor de la humillación

(Eclo 2, 17).

Oración para pedir la iluminación divina

John Henry Newman

Ven, oh Señor amado, y enséñame todos los días, según las necesidades y oportunidades de cada día. Dame el don de distinguir lo verdadero de lo falso en el discurrir de mi mente y, para eso, oh Señor, dame también pureza de conciencia, pues solo ella puede recibir y llevar a cabo tus inspiraciones. Mis oídos están cerrados y no oigo tu voz. Mis ojos son ciegos y no veo tus señales. Solo tú puedes afinarme el oído, purificarme la vista y limpiar y renovar mi corazón. Enséñame, como a María, a sentarme a tus pies y a escuchar tu palabra. Concédeme la auténtica sabiduría, que busca tu voluntad en la oración y la meditación, en la comunión contigo más que en la lectura y las razones. Concédeme discernir para reconocer tu voz entre las de los extraños, y para buscarla y descansar en ella desde el principio, como algo externo a mí; y respóndeme en mi mente, para que te alabe y confíe en ti más allá y por encima de ella[6].

Preguntas para la reflexión

- ¿Reconozco, con un realismo humilde, que soy un pecador, aunque sea en lo pequeño, y que mi uso diario de la tecnología está lejos de la santidad?

- ¿Me impongo unos límites razonables y asequibles en el uso del móvil y de otros dispositivos,

---

[6] Newman, *Everyday Meditations*, 101–102.

194

teniendo en cuenta lo que exige de mí la caridad, con toda la honestidad y precisión de la que soy capaz?

- ¿Respondo ante los demás por esos límites?

EPÍLOGO
LA PAZ SUPREMA

¡Basta ya, sabed que yo soy Dios!

[Salmos 46, 10]

Las tres grandes secciones de este libro describen cómo alcanzar la paz interior. Hemos escrutado las potencias y virtudes del alma con el fin de poner orden en las inferiores (los apetitos corporales y los sentidos internos y externos) para que sirvan a la superior (el intelecto en sí), no solo porque sea más elevada, sino porque la condición moderna asedia especialmente a la disciplina y la paz mentales.

La lucha por alcanzar esta paz presupone la ayuda de la gracia de Dios que, por su naturaleza, depende del esfuerzo humano; de ahí que hayamos propuesto consejos prácticos y alentadores. No obstante, hay una paz, a otro nivel, que depende por completo de Él, y en la que el papel del ser humano se reduce a una preparación humilde para recibirla como un don. Sobre esta paz suprema diremos aún unas palabras.

Lo hacemos con cierto temor, porque incluso unas pocas frases pueden ser demasiadas para una paz que se encuentra por encima de los esfuerzos del hombre, pero también de sus palabras. La filosofía clásica y la tradición cristiana concuerdan en que la perfección última del alma es una especie de relación trascendente y de participación con la actividad perfecta de la mente divina. La acción del intelecto de Dios es pura, simple y completa: Su pensamiento es su vida y es toda la actividad de Dios. La mente de Dios es la Divinidad misma.

Lo que nos hace distinguir entre Dios, su mente y los actos de esta son el intelecto y el lenguaje humanos. Si los tres son uno, por mucho que el hombre los divida, entonces, para poder participar en la vida divina, el intelecto humano debe ser elevado por encima de su memoria y su experiencia, de su razonamiento discursivo, de sus argumentaciones e interrogantes, de sus afirmaciones y negaciones, de la distinción entre sujeto y predicado, de sus conceptos finitos. La metáfora más tradicional para definir este estado es la de la *mirada*. El ojo deja de buscar y distinguir, y descansa en la aprehensión de un objeto —maravillado, agradecido y, en cierta medida, unido a él—, y también la mente, cuando es elevada más allá del pensamiento sobre Dios, puede mirar hacia Él en silencio.

Lo indecible necesita palabras, así que seguimos el término clásico para llamar *contemplación* a esta mirada intelectual, aunque suene demasiado seca y abstracta al referirse a algo que es, en esencia, una comunión espiritual. Para la filosofía, la contemplación es a la vez la autorrealización racional suprema y la pérdida del yo más allá del intelecto. Tanto Platón como Aristóteles describieron la contemplación como una actividad noble, una participación en la vida divina a la que acompañan «placeres maravillosos por su pureza y extensión»[1], demasiado elevados, tal vez, para el ser humano en esta vida. En resumen, la felicidad completa es un don maravilloso que sobrepasa nuestras capacidades.

La contemplación como perfección individual no puede separarse de la perfección de la voluntad y los afectos. Thomas Merton afirmó que toda expresión de la voluntad de Dios es una «semilla de contemplación» que nos lleva a Él por el amor[2], y por eso se describe con frecuencia como un fuego ardiente, como la rendición de un amante y como una comunión entre esposos. Hasta Platón y Aristóteles, con menor intensidad, sugirieron que el hombre feliz es amigo de la verdad, pero también la ama, y el intelecto posee su propio *eros* cuando busca la unión con el objeto que le es propio, una intuición que el cristianismo reforzaría. San Gregorio Magno, entre otros, interpretó el sensual y erótico *Cantar de los cantares* como una alegoría contemplativa, en el que Dios es el amante que busca la unión con el amado.

Hay que diferenciar contemplación de lo que no lo es: esta no exige unos grandes conocimientos ni una sensibilidad estética concreta. Tampoco es una abstracción teórica ni una exaltación emocional, cómoda y abstraída. Aunque a veces sea placentera, no es ese su fin, y pueden acompañarla la angustia y el sufrimiento en la noche oscura del alma. No es frenética, y tampoco nace del silencio intelectual: la experiencia de la comunión con Dios se da en ocasiones en medio de la conversación y la

---

[1] Aristóteles, *Ética a Nicómaco* X.7; cfr. Platón, *República*, 585d–587a, sobre el intelecto ordenado capaz de los «placeres más sinceros y mejores».

[2] Thomas Merton, *Nuevas semillas de contemplación*, EDHASA, 1963.

actividad. Como perfección del alma racional, activa en presencia de su objeto trascendente, es un movimiento en reposo, o un reposo en movimiento, que descansa en la vida suprema de la unión con Dios.

La paz suprema es a la vez la suprema libertad, que consiste en sujetarse a la voluntad divina. Como escribieron Jacques y Raïssa Maritain, «la contemplación es el dominio en el que el Espíritu es libre para soplar donde quiera, y ningún hombre sabe de dónde viene o a dónde va. El alma debe avanzar en la renuncia y el desapego, sometiéndose con docilidad a la guía del Espíritu»[3].

Autores espirituales de distintos temperamentos y carismas han subrayado diversas manifestaciones y características de la contemplación, pero concuerdan en que es infrecuente y está precedida de un ascenso laborioso, como el de una escalera o una montaña. No nos hace falta para vivir una buena vida aquí. No es un derecho, ni siquiera poseemos la capacidad natural para alcanzarla: la Divinidad excede el poder de nuestra mente, como el resplandor del sol sobrepasa la visión del murciélago. La mirada contemplativa es infusa, y la entrega Dios como un don.

En general, quienes experimentan la contemplación lo hacen fugazmente, como un anticipo de su realización perfecta, cuando el alma se una con Dios en el paraíso. La verdadera contemplación es una bienaventuranza, y solo participamos de ella, aquí y ahora, de un modo limitado e indescriptible. San Agustín narra lo que ocurrió antes y después de su visión en Ostia junto a santa Mónica, pero

---

[3] Jacques y Raïssa Maritain, *Prayer and Intelligence*, trad. Algar Thornold (Nueva York: Sheed and Ward, 1942), 20.

deja ese momento fuera de la descripción: «Y, mientras estamos hablando y suspirando por ella, llegamos a tocarla un poco con todo el ímpetu de nuestro corazón; y suspirando y dejando allí prisioneras las primicias de nuestro espíritu, tornamos al estrépito de nuestra boca, donde tiene principio y fin el verbo humano, en nada semejante a tu Verbo, Señor nuestro, que permanece en sí sin envejecerse y renueva todas las cosas»[4].

No obstante, se nos invita a buscar la sabiduría de Dios y a participar en ella como podamos. Los pasos de la *lectio divina* avanzan desde la lectura hasta la meditación, la oración y la contemplación, y este último, a diferencia de los tres anteriores, tiene más que ver con la receptividad que con el esfuerzo. Haciendo uso de nuestras capacidades naturales para acercarnos más a Dios y mejorando nuestra disponibilidad para Su gracia, haremos todo lo posible por alcanzar este placer sin distracciones, en el espacio interior sagrado donde Dios puede concedernos el don de su presencia. Es la actividad más elevada y, por tanto, se busca por sí misma, pero en su búsqueda encontramos a Dios. De nuevo, el matrimonio Maritain: «La contemplación no se ama por ella misma, sino por Dios. La unión con Él por el amor, y no la alegría de contemplarlo, es el fin»[5].

Dios quiere que lo consigamos; si has escogido y leído este libro es porque tienes tus motivos para buscar la paz mental. Debes saber que también Él quiere que tu mente esté en paz y, si estas pocas páginas han contribuido a que se cumpla tu deseo de poseer un alma

---

[4] San Agustín, *Confesiones* IX.10.
[5] *Op. cit.*, 21.

ordenada, habrá sido solo gracias a Dios, quien busca ese fin por ti, pero también por Él mismo. En su amor por ti, quiere que lo conozcas, y reclama tu alma para sí. ¡Agradéceselo y adóralo!

Así mi mente, como suspendida, fija, inmóvil, atenta, contemplaba y en la contemplación más se encendía.

Dentro de aquella luz, es tan intenso el arrebato, que jamás consiente que se aparte la vista hacia otro lado; porque el bien, que es objeto del deseo, se encierra todo en ella, y fuera de ella es incompleto lo que allí es perfecto.

Y ahora, para decir lo que recuerdo, van a ser aún más torpes mis palabras que las del niño que aún del pecho mama.

No porque hubiese más de una apariencia en la vívida luz que yo miraba, que se mantiene idéntica a sí misma, sino porque mi vista se acendraba al contemplar, y su invariable aspecto se acomodaba a mis transformaciones.

En la profunda y clara subsistencia de la suprema luz yo vi tres círculos de igual tamaño y de color diverso; dos parecían un reflejo mutuo, como dos arcoíris, y el tercero parecía por ellos inspirado.

¡Qué corta y débil es la lengua al lado de mi concepto, y éste está tan lejos de lo que vi, que es poco decir «poco»!

¡Oh, luz eterna que en ti sola existes, sola te entiendes, y al ser entendida y entendedora te amas y recreas![6].

---

[6] Dante, *Paraíso*, *Divina Comedia*, canto XXXIII, líneas 97–126, trad. José María Micó, Acantilado, 2018.

AGRADECIMIENTOS

Expresamos nuestra gratitud a todos aquellos que han prestado su esfuerzo y sabiduría a *Una mente en paz*. En primer lugar, y el más importante, a Charlie McKinney, del Sophia Institute Press, por su predilección por este proyecto desde su origen. Fadi Auro, Tim Gray, Jonathan Reyes y Edward Sri ofrecieron los primeros consejos, su ánimo y su apoyo. Kathleen Blum, Paul Check, Paige Hochschild, Michael Keating y Conrad Murphy leyeron el manuscrito, y lo mejoraron con sus comentarios. También lo hicieron, debatiendo el resultado, los alumnos del profesor Hochschild en la asignatura *Amistad y contemplación en la era digital*, de la Universidad de St. Mary. Les agradecemos su compromiso intelectual y sus sugerencias e ideas, con las que este libro se ha fortalecido. Por último, ambos estamos en deuda con los miembros de nuestras familias, amigos, profesores y mentores, demasiados como para citarlos aquí. Algunos aún viven, otros han fallecido; que sus nombres estén inscritos en el Libro de la Vida.

ESTE LIBRO, PUBLICADO POR
EDICIONES RIALP, S. A.,
MANUEL URIBE 13-15, 28033 MADRID,
SE TERMINÓ DE IMPRIMIR EN
ANZOS, S. L., FUENLABRADA (MADRID),
EL DÍA 2 DE MARZO DE 2023.